秦汉卷 下

# 群星闪耀

石岗 著

COLLECTION OF STORIES OF CELEBRITIES IN CHINESE HISTORY

团结出版社

# 目 录

### 张 骞

一、匈奴崛起      1

二、应诏出使      3

三、首次出使      4

四、出击匈奴      9

五、再使西域      10

六、探索西南      11

七、丝绸之路      14

# 李 广

　　一、李广难封　　　　　　16

　　二、将门出身　　　　　　17

　　三、战乱扬名　　　　　　18

　　四、镇守上谷　　　　　　21

　　五、计退敌兵　　　　　　21

　　六、佯死脱敌　　　　　　24

　　七、射虎开石　　　　　　26

　　八、大战左贤王　　　　　28

　　九、无功自尽　　　　　　30

　　十、桃李不言,下自成蹊　　33

# 苏 武

　　一、出使敌国　　　　　　36

　　二、被扣匈奴　　　　　　39

　　三、北海牧羊　　　　　　45

　　四、李陵劝降　　　　　　47

　　五、艰难还乡　　　　　　50

## 司马迁

  一、泰山鸿毛　　　　　54

  二、少年好学　　　　　55

  三、游学天下　　　　　56

  四、出使西南　　　　　57

  五、继承父志　　　　　58

  六、结交贤达　　　　　60

  七、遭受腐刑　　　　　61

  八、撰写巨著　　　　　63

## 王莽

  一、众说纷纭　　　　　66

  二、少年君子　　　　　67

  三、勤奋理政　　　　　68

  四、为奴杀子　　　　　69

  五、重掌大权　　　　　70

  六、狗血事件　　　　　73

  七、加号"九锡"　　　　75

八、代汉自立　　　　　　76

九、王莽改制　　　　　　79

十、新政失败　　　　　　82

十一、国破身亡　　　　　86

## 刘秀

一、生于底层　　　　　　87

二、宛城起兵　　　　　　89

三、昆阳之战　　　　　　91

四、忍辱负重　　　　　　94

五、登基称帝　　　　　　97

六、大战赤眉　　　　　　97

七、平定令国　　　　　　100

八、光武中兴　　　　　　100

## 班超

一、汉匈再战　　　　　　102

二、投笔从戎　　　　　　103

三、不入虎穴，焉得虎子　105

| 四、平定于阗 | 110 |
| 五、威服疏勒 | 112 |
| 六、孤立无援 | 114 |
| 七、以夷制夷 | 116 |
| 八、三至之谗 | 117 |
| 九、计破莎车 | 120 |
| 十、智退月氏 | 121 |
| 十一、平定西域 | 123 |
| 十二、万里封侯 | 127 |
| 十三、派使西进 | 127 |
| 十四、玉关人老 | 128 |

## 张仲景

| 一、辉煌医圣 | 131 |
| 二、少年有志 | 132 |
| 三、为官从医 | 133 |
| 四、广泛学习 | 134 |
| 五、精研医理 | 137 |

六、发明饺子　　　　138

七、著作巨著　　　　139

八、千古流芳　　　　142

# 张 骞

## 一、匈奴崛起

孩子们,如果我们向着祖国的大西北进发,走过甘肃省的玉门关,就会看到,大地上有广袤的戈壁和大漠,在戈壁大漠上,分布着一片片绿树成荫、农田交错的绿洲。从玉门关往西二三千公里,越过祁连山、天山、准格尔盆地、塔里木盆地,一直到帕米尔高原,这片广阔的区域,在古代被称为西域。

西域自古以来就有许多民族居住,他们有的在绿洲上种植庄稼,有的在草原上放牧牛羊,到秦汉时期,西域有三四十个国家。

秦朝时，北方匈奴的头曼单于开始统一匈奴各个部落，但是，在他们附近的月氏国非常强大，匈奴只好向月氏国臣服。

头曼单于把自己的儿子冒顿送到月氏国做人质，又带兵进攻月氏国，月氏国想杀掉冒顿，冒顿在黑夜里盗窃了一匹马，骑着马逃回了匈奴。

后来，冒顿"鸣镝弑父"，杀死头曼单于，自己当上单于。他为了报仇雪恨，就开始进攻月氏国。月氏国抵挡不住匈奴大军的进攻，月氏国王就带着他的人民，一路向西迁移。一直迁移到今天阿富汗和塔吉克斯坦境内的阿姆河以北地区，建立了大月氏国。

后来，冒顿单于死后，他的儿子老上单于继续攻打大月氏国。公元前162年，老上单于率领匈奴大军，攻入大月氏国，杀掉大月氏国王，并把国王的头颅割下来带回匈奴，用头盖骨做成喝酒的酒碗。

月氏国与匈奴之间，长期战争，双方有着刻骨的仇恨。

同时，匈奴还征服了西域许多国家，强迫他们给匈奴进贡财物和美女。西域各国都想反叛匈奴，但是，他们力量弱小，不敢轻举妄动。

## 二、应诏出使

匈奴杀掉大月氏国王的消息传到汉朝，汉武帝认为可以联合大月氏和西域各国一起打击匈奴，汉武帝就想派人到西域去，特别是到大月氏，劝说大月氏国王和汉朝东西夹击，进攻匈奴。但是，大月氏离汉朝非常遥远，要经过匈奴的领域，还要走过荒无人烟的大漠和戈壁，真是一件万分艰难的事。

汉武帝询问朝中大臣，没有一个人敢承担这项使命。

于是，汉武帝就颁下诏书，在全国招募愿意出使西域的人。

公元前140年，24岁的张骞自告奋勇，愿意担当出使西域的使者。

张骞，汉中人，是汉武帝宫廷中的一名侍从官。虽然他职位不高，但是却胸怀大志，而且待人忠厚诚信，心胸宽大。汉武帝经过认真考察，认为张骞具有担当大任的素质和能力。就决定派张骞率领使团出使西域。

### 三、首次出使

公元前139年，汉武帝命令张骞率领一百多人的庞大使团，由投降来的匈奴人甘夫担任向导和翻译，浩浩荡荡从长安出发，向西域前进。

他们一路跋山涉水，西出玉门关，进入河西走廊，这里已经是匈奴占领的区域了。张骞命令使团加快步伐，匆匆前进。但是，他们还是被匈奴骑兵发现了，张骞和他的使团一百多人全部被抓。

匈奴人把张骞等人押送到位于今天内蒙古呼和浩特

张骞率部下出使西域,敦煌壁画

附近的匈奴王庭,匈奴军臣单于亲自审问张骞。

军臣单于得知张骞想要出使大月氏后,大笑着说:"月氏在我们北面,汉朝在我们的南面,汉朝人怎么可能越过我们匈奴的土地到达大月氏呢?假如我们匈奴要派人出使汉朝以南的越国,汉朝能让他过去吗?"

最后,军臣单于说:"我们匈奴需要你们这样的人才,你们还是别走了,就投靠我们,在草原上生活下来为我们效力。"

虽然张骞誓死不从，但还是被匈奴人扣留下来，军臣单于希望张骞在草原上生活的时间长了，就反叛汉朝，投降匈奴。

军臣单于下令，把张骞、甘夫和使团一百多人分散居住在不同的部落里，而且派人监视起来。匈奴还给张骞送来一个女人做妻子，张骞也假装顺从，和那个匈奴女人放牧牛羊，过起日子来。

一晃十年过去了，匈奴人见张骞已经彻底变成一个匈奴人，而且还和那个匈奴女人生下了孩子，也就慢慢放松了对他的监视。

但是，张骞心里始终没有忘记汉武帝交给自己的神圣使命，他在等待时机逃出匈奴。

公元前129年，张骞找见了自己的向导甘夫，就让甘夫联络自己使团的人，在一个月黑风高的夜晚，张骞和甘夫带领几十个人，一起逃了出去。

张骞带着众人继续向西前进，想到达大月氏国，但是此时，大月氏已经被匈奴的附属国乌孙再次打败，继续向西迁移了。

张骞得知这些情况后，决定继续向西寻找大月氏国。一路上他们历尽艰辛。大沙漠上人烟稀少，饮水困难，时而热浪滚滚，时而寒冷异常。草原上野兽出没，灾害不断。张骞的许多随从病死或饿死在半道上。张骞有时候几天吃不上饭，喝不上水，都靠武艺高强的甘夫射杀野兽，才能勉强充饥。

经过几个月的艰难跋涉，他们翻越葱岭，到达位于今天乌兹别克斯坦的大宛国。大宛国王感到非常好奇，远在万里之外的汉朝使者竟然能出现在这里，他觉得太不可思议了。

大宛国王接见了张骞。

张骞向国王说明了自己出使月氏国的使命。大宛国王听得目瞪口呆，他太佩服张骞坚韧不拔的意志了，于是他热情款待了张骞和他的属下，答应了张骞的要求，派了向导和翻译，将张骞等人送到康居国，康居国王又派人将他们送到大月氏。

当张骞费尽千辛万苦到达大月氏国,才知道大月氏的情况发生了变化。大月氏国王被匈奴人杀死后,国王的夫人做了女王。他们攻下了大夏国,占领了大夏国的土地。

大月氏女王召见了张骞。女王对张骞说,他们迁到新的土地上,这里土地肥沃,物产丰富,而且离匈奴非常遥远,她再不愿意发动战争,让人民做出没有必要的牺牲了。她也担心汉朝那么遥远,一旦和汉朝夹击匈奴失败,大月氏就会被匈奴彻底消灭。

张骞反复要求女王和汉朝联合,进攻匈奴,但是都被女王拒绝了。

张骞在大月氏停留一年多,但是,始终没能说服女王改变主意。最后,只能在公元前128年动身返回汉朝。

回国的路上,张骞为了避开匈奴,改变了行走的路线。但是,他们还是没有躲过匈奴骑兵的搜捕,最后又被匈奴抓住了。

张骞和甘夫在匈奴停留一年多,这时,匈奴发生了内乱,匈奴的几个王爷为了争夺单于之位,互相打了起来。张骞和甘夫趁乱，带着自己的匈奴妻子和孩子，逃回长安。

张骞从公元前139年出发，到公元前126年回到长安，经历了十三年岁月。出发时的一百多人，回来时仅剩下张骞和甘夫两个人了。

张骞向汉武帝刘彻详细说明了他此行的过程，以及匈奴和西域各国的情况。汉武帝对张骞取得的成果和张骞的忠诚，非常满意，封张骞为太中大夫，授甘夫为"奉使君"，以表彰他们的功绩。

虽然张骞这次远行联合大月氏的目的没有达成，但是，却了解了西域的情况，使西域各国也了解了汉朝，从此，汉朝和西域各国有了往来，联系也日益加强。所以，张骞出使西域，被称为"凿空之旅"，意思是开辟未来的旅行。

## 四、出击匈奴

公元前123年，汉武帝任命卫青为大将军，分两次领十万骑兵出击匈奴。张骞被任命为校尉,跟随卫青征战。因为张骞熟悉地形,引导汉军寻找水源,使汉军免受饥渴之苦。汉军一路进攻,歼灭匈奴几万人,取得重大胜利。汉武帝为了表彰他的功绩,封张骞为博望侯。

公元前121年,张骞又跟随将军李广从右北平出击,进攻匈奴。李广冒然进兵,被匈奴军队包围,士兵损失严重。张骞带领军队,没有及时赶上,按照法律应该被斩首,但是,汉武帝念及张骞出使西域的功绩,没有杀他,而废除了他的侯爵,贬为庶(shù)人。庶人就是平民百姓。

## 五、再使西域

匈奴遭到汉朝军队反复进攻,一路向西北逃窜。但是,他们依靠西域各个国家的物资和人力支持,继续与汉朝对抗。汉武帝决心瓦解西域各国对匈奴的支持。于是,在公元前119年,任命张骞为中郎将,率领三百多名随从,携带大量金银珠宝和几万头牛羊,第二次出使西域,想劝说西域乌孙国和汉朝联合,彻底击败匈奴。

张骞到达乌孙国时,乌孙发生内乱,没有达到联合乌孙的目的。张骞就派副使分别访问了中亚的大宛、康居、大月氏、大夏等国,扩大了汉朝的影响,增强了相互间的了解。后来,张骞返回的时候,乌孙国派出庞大的使团,跟随张骞,来到长安。西域许多国家都派使者出使汉朝。汉武帝还将汉朝的公主嫁给乌孙国王,使乌孙国成为汉朝牵制匈奴的重要力量。

## 六、探索西南

中国西南,因为有秦岭、巴山、乌蒙山、横断山等大山阻隔,一直和中原交往不多,甚至在汉武帝时代,依然对西南的情况不太了解。

张骞在出使大夏国时,看到了西南蜀地出产的竹杖和麻布,就追问它们的来源。大夏人告诉他,是商人从印度买来的,而印度位于大夏的东南方。

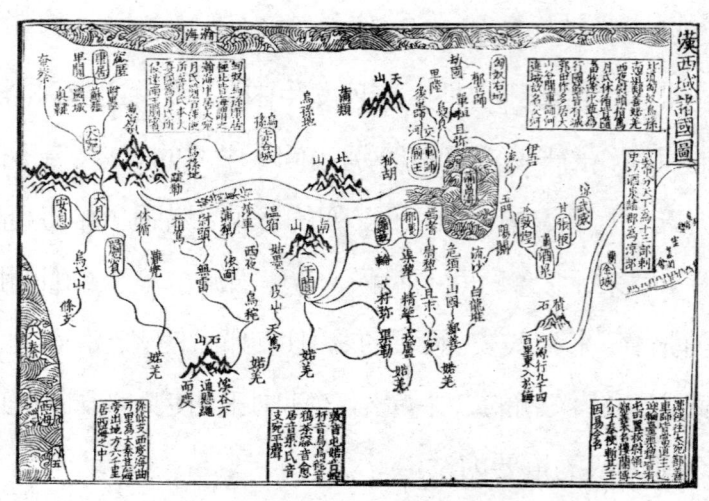

汉西域诸国图(南宋咸淳刻本)

回国后,张骞向汉武帝报告了这个情况,并推断蜀地在长安西南,印度有蜀地产物,这证明印度离蜀地不会太远。

张骞向汉武帝建议,派遣使者,从蜀地往西南前行,另辟一条直通印度和中亚各国的路线,以避开通过羌人和匈奴占领的地区。

汉武帝采纳了张骞的建议,并派张骞去今天四川宜宾,亲自主持这件事,公元前122年,张骞派出四支探索队，分别从今天四川成都和宜宾出发，向今天的青海南部、西藏东部和云南境内前进。四路使者各自前进一二千里，但是因为道路险阻，各少数民族阻拦，语言不通，先后返了回来。

张骞对西南的探索，虽然没有找到印度，但是，却到达了云贵高原的许多地方。他们到达了滇国，滇国又名滇越国，因为滇国将士每次作战，都坐在大象上，所以又叫"乘象国"。

在此以前，西南各地的少数民族，对汉朝的情况几乎不了解。滇王在会见汉朝使臣时，竟然好奇地问："汉朝同我们滇国比，哪一国大呢？"

使者到夜郎时，夜郎侯也提出了这个问题。这就是"夜郎自大"这个成语典故的由来。

通过汉朝使者的介绍，西南各个民族，才了解到汉朝的强大。

此后，汉朝也加强同滇国、夜郎及其他西南部落的联系。

## 七、丝绸之路

张骞不畏艰险，两次出使西域，沟通了中国同西亚和欧洲的联系。

公元前105年，汉武帝再次派使者沿着张骞的足迹，来到了今伊朗境内，拜见了安息国国王。汉朝使臣献上了华丽光洁的丝绸，安息国王非常高兴，回赠给汉朝鸵鸟蛋和一个魔术表演团。

此后，中国的丝和丝织品，从长安往西，经河西走廊，今新疆境内，运到安息，再从安息转运到西亚和欧洲的罗马。人们把这条连接东西方的贸易商道，称为"丝绸之路"。而这条重要商道的开创者，就是张骞。

此后，汉朝和西域各国经常互派使者，促进了双方贸易的发展。汉朝在楼兰、渠犁和轮台驻兵屯垦，置校尉。为后来设置西域都护和西域归入中国创造了条件。

由于张骞的开拓，汉朝和西域的经济文化交流频繁。天马、汗血马等良种马进入中国，葡萄、核桃、苜蓿、石榴、胡萝卜和地毯等也传入内地，丰富了汉族的经济生活。汉族的铸铁、开渠、凿井等技术和丝织品、金属工具等，也传到了西域，促进了西域的经济发展。

　　张骞的伟大功绩，永远被世界各国人民牢记。

# 李 广

## 一、李广难封

唐代大诗人王勃有一句名言:"时运不齐,命途多舛(chuǎn);冯唐易老,李广难封。"这句话叹息有些人一生运气较差,命运不好,虽然很能干,但是得不到应有的待遇。这句话中提到两个人,一个是冯唐,另一个是李广。

冯唐是汉朝大臣,很有谋略,他年轻的时候,主张抗击匈奴,但是汉文帝和汉景帝却对匈奴实行和亲政策,冯唐没有机会施展自己的才能。等到汉武帝时代,开始抗击匈奴,汉武帝要求各地推荐人才,冯唐被推荐,但是,他已经九十多岁了,无法再带兵打仗。所以说,冯唐易老。

李广是陇西成纪人,汉朝名将,一生英勇无比,但是,到死都没有得到封侯的机会,也是一个运气很差的人。我们今天就讲述李广的故事。

## 二、将门出身

李广的祖先李信是秦朝名将,曾率军击败燕国太子燕丹率领的燕军,活捉燕丹。李信很善于骑马射箭,他把他的本领传给他的后代,所以他的后代都是射箭的高手。

李广长得高大威猛,胳膊犹如猿的一样长,而且臂力惊人,从小学习骑马射箭,和他一起学习骑

李广,选自《历代名臣像解》

射的孩子没有一个可以和他相比。

公元前166年，匈奴大举入侵，汉文帝刘恒动员各地百姓，积极参军，保卫家乡。只有十多岁的李广报名参军，上战场与匈奴作战。李广一个人，就射死无数匈奴士兵。因为作战勇敢，战功卓著，被任命为汉中郎。汉中郎是一个武官的名称，职位低于将军，属于皇上的卫队指挥官。

后来，李广很多次跟随刘恒打猎，李广射杀猛兽，箭不虚发，有时候甚至和猛兽搏斗，能打死野兽。汉文帝感慨地对李广说："你真是英勇异常，可惜呀，你没遇到好的时机，假如让你生在高祖时代，封个万户侯一定没问题！"

因为汉文帝重视无为而治，主张和平，打仗并不多，所以，李广就没有更多建功立业的机会。

## 三、战乱扬名

汉文帝刘恒去世后，汉景帝刘启即位，这时，李广任骑郎将,在陇西负责防守匈奴。

刘启继位的时候,封在各地的诸侯国国力越来越强大,有些诸侯大国的实力甚至超过了国家。刘启决心剥夺诸侯的权利,加强中央集权。

公元前154年,刘启采用晁错的"削藩策",先后下诏削夺诸侯国的封地。各诸侯王不愿意失去土地和利益,于是,吴王刘濞(bì)就联合楚王刘戊(wù)等七个刘姓诸侯王,打着"清君侧"的旗号,发动叛乱。清君侧就是要清除皇帝身边的坏人。七王还暗中和匈奴勾结,希望匈奴出兵,攻打长安。

叛军首先进攻梁国,梁王刘武是刘启的亲弟弟,刘武带兵坚守,七王军

细柳式车(周亚夫),
选自(清)马骀绘《历代名将画谱》

队中的吴楚联军攻打梁国，但是几个月无法取胜。

刘启命令大将军周亚夫率领汉军抵抗吴楚联军，李广被任命为骁（xiāo）骑都尉，跟随周亚夫反击吴楚叛军。

周亚夫军队进攻被吴楚联军占领的昌邑城。李广一马当先，飞箭射死无数敌人，然后冲入叛军大营。叛军见一员猛将冲进来，犹如天神一般威武，都吓得纷纷后退，李广直冲叛军的军旗而去，扯下军旗，踩在马下。

叛军军旗被夺，都吓得缴械投降。李广立了头功。

梁王刘武为了表彰李广的功绩，为李广铸造了一枚金印，赠送给李广。

但是，这件事却引起刘启的不满，刘启此时对各个诸侯国都怀有戒心，担心他们造反。李广私自接受梁王刘武的金印，恐怕日后会成为刘武的亲信。所以，在奖赏平定七国之乱的名单中，竟然没有立了大功的李广，而和李广一起参战的将军，都封了侯爵。李广被调到今天张家口一带的上谷郡，担任太守。

## 四、镇守上谷

　　李广在上谷担任太守，太守是一个地方的最高行政长官，要负责治理人民、选拔人才、判决案件。但是李广却把这些事交给别人处理，他自己经常带领少量骑兵，突袭匈奴军队。而且经常和匈奴人短刀相接，打在一起。虽然李广每次都非常英勇，而且能死里逃生，但是，让许多官员非常担心李广的安危。

　　官员公孙昆（hún）邪（yé）哭着对汉景帝说："李广的英勇，天下无双，但是，他太自负，经常与敌人肉搏，一旦有闪失，恐怕会失去他。"

　　于是，汉景帝把李广调到今天陕西榆林担任上郡太守。

## 五、计退敌兵

　　李广到达上郡，训练军队，防范匈奴。这时，一支匈奴部队也来到离上郡不远的草原上。汉景帝刘启派自己身边的中贵人跟随李广训练士兵，随时给朝廷汇报。中贵人是指皇帝身边的官员，有时候由宦官担任，有时候由普通人担任。

一天，这位中贵人带了几十名骑兵，在草原上打猎。突然，远处出现三个背着弓箭步行的匈奴人。那三个匈奴人用箭射伤了中贵人，而且还把他带来的几十个骑兵射死了。中贵人拼命逃了回来。

李广知道了情况，对中贵人说："这三个匈奴人，一定是射雕的人，射箭的技术才这样高超。"

李广急忙召集一百多名骑兵，跨上战马，去追这三个匈奴人。那三个匈奴人没有马，走得不快，追了几十里就追上了。李广命令骑兵从左右两面包围那三个匈奴人，然后自己冲上去，"啪啪啪"三箭，把两个匈奴人射死，把一个射伤了。李广把受伤的匈奴人抓来审问，果然是匈奴射雕的人。

这时候，远处尘土飞扬，有几千名匈奴骑兵冲过来。

李广只带了一百多名骑兵，敌众我寡，他带来的许多士兵都非常害怕，想骑着马赶快逃回去。

李广说："大家不用害怕。这里离咱们军队的营地还有几十里，现在逃跑，匈奴人追过来，咱们就全完了。如果不逃跑，就留在这里，匈奴人一定以为我们是来引诱他们的，后面还有大军埋伏，他们必然不敢来袭击我们。"

李广命令骑兵说："前进！"

一百多名骑兵就迎着匈奴大队骑兵走过去，走到离匈奴骑兵不远的地方停了下来。李广又下令说："都下马，解下马鞍！"

一名骑兵说："敌人这么多，而且离我们很近，如果敌人突然进攻，怎么办？"

李广说："敌人以为我们会逃跑，现在我们都解鞍下马，就表示我们不走，可以使敌人更加坚信我们是来诱敌的。"

匈奴骑兵远远看着李广等人在草原上卸下马鞍，悠闲自在地躺在地上，就断定李广身后一定有汉朝大部队埋伏，就赶快排列阵型，防守起来。

有个骑白马的匈奴将军跑出队列，指挥他的士兵列阵，李广突然翻身上马，冲上去一箭射死了那个白马将军。然后又返回来，解下马鞍，躺在地上。

天渐渐黑下来，匈奴兵始终不敢出击。半夜全部悄悄撤走了。

天亮了，李广才带着一百多名骑兵回到大营。大家都说，李广真是孤胆英雄。

## 六、佯死脱敌

公元前141年，汉景帝刘启驾崩，汉武帝刘彻即位。朝廷官员都认为李广是名将，建议汉武帝重用李广，打击匈奴。

公元前138年，李广被汉武帝封为将军，派他带兵出雁门关，进攻匈奴。

一天，李广率军与匈奴军队遭遇了，他和将士们奋力厮杀，英勇作战，但是，匈奴兵人数众多，打倒一批又涌上来一批，大部分汉军将士战死疆场。李广也身受重伤，但他还在坚持战斗。

匈奴军臣单于常听说李广武艺高强，就想让李广投降匈奴，他下令说："一定要活捉李广，不要杀死他。"

李广又杀死几名匈奴士兵，最后还是坚持不住，摔下马来。

匈奴人抓住李广，见李广浑身都是鲜血，而且昏迷不醒，认为他必死无疑。他们就在两匹马中间，绑了一个担架，把李广放在担架上面，带着他去见军臣单于。

李广在担架上渐渐苏醒过来，他睁开眼，偷偷观看，发现旁边有一个匈奴兵骑着一匹好马。李广突然一跃而起，跳到那个匈奴兵的马上，一把将匈奴兵推下马，策马飞奔起来。

匈奴人发现李广逃跑了，就一路狂追。李广取下匈奴兵挂在马鞍上的弓箭，回头射死了几名追赶他的匈奴人。

李广鞭打战马一路狂奔，在回去的路上，遇上了战场上撤退回来的汉军，就带着他们，回到边塞里。

李广虽然逃了回来，但是，按照汉朝法律，打了败仗就应该斩首。汉武帝念及李广英勇，没有杀他，罚款赎罪，贬为庶人。

## 七、射虎开石

过了几年，匈奴人再次南下，进攻辽西，杀了辽西太守，接着进攻位于今天内蒙古宁城附近的右北平。汉武帝任命李广为右北平太守。匈奴人听说李广担任右北平太守，都说李广是汉朝的"飞将军"，勇猛过人，此后几年，匈奴人都避开右北平，不敢来犯。

有一天，李广外出打猎，突然看见前面草丛中卧着一只老虎，李广拔箭就射。过了一会儿，见草丛中没有动静，李广走过去一看，原来是一块大石头，他的箭已经射进石头里，只留下箭后面的羽毛露在外面。跟随李广的士兵都说李广是神力，竟然能把箭射进石头里。

李广走到哪里，只要听说有老虎出没，必是亲自去射杀。有一次，他没有将老虎射死，老虎反扑过来要吃掉他，李广又补一箭，把老虎射死了。

李广为人非常豪爽，每次得到皇帝的赏赐，就分给手下将士共同分享，李广也不爱财物，一辈子没有什么积蓄。他不太说话，最大的爱好就是射箭，他常常在军营中，与将士们一起，用射箭来赌博，然后罚酒喝。

李广和将士们同甘共苦，每次带兵出战，到了缺水的地方，如果找到水源，全体将士喝完水，李广才过去喝水，将士们有一个没有喝上水，李广就远远站着，绝不走过去。每次吃饭也是一样，所有将士吃完饭，李广才去吃。

冥山射虎（李广），
选自（清）马骀绘《历代名将画谱》

李广待人非常宽容，所以将士们都很爱戴他，愿意和他一起保家卫国，奋勇杀敌。

## 八、大战左贤王

公元前123年，李广被任命为后将军，跟随大将军卫青，从今天山西定襄出发，攻击匈奴。李广率领的军队迷失了道路，只能眼睁睁看着别的将领杀敌立功，而他自己却没有得到任何奖赏和封号。

又过了两年，李广率领四千骑兵从右北平出发进攻匈奴，博望侯张骞也率领一万多骑兵和李广一同进军，他们约定了会合地点，李广作为先头部队提前出发，张骞率军队跟随在后接应。

李广率军行走了几百里，突然和匈奴左贤王的军队遭遇，左贤王率领四万多人包围了李广。

李广手下的将士，看见匈奴人多，感到非常恐惧。李广镇定自若地指挥，他让自己的儿子李敢率领几十个骑兵从敌人阵地穿插而过，杀死几个匈奴兵，又飞奔回来。李广大声说："敌人没有什么可怕的，很容易打败。"

战士们听了李广的话，都镇定下来。

李广赶快命令战士组成战阵。这时候，匈奴人射来的箭像雨点一般倾泻下来。

李广命令射箭还击，汉军将士一起射箭，匈奴兵也死伤无数。但是，汉军毕竟人少，不一会就被匈奴射死一大半，汉军的箭也快射完了。

李广命令将士停止射箭。他亲自用大弓箭射敌人的将军，一连射死敌人几员大将，匈奴人吓得不断后退。这时候，天已近黄昏，战士们都被吓得脸色惨白，没有血色。只有李广依然镇定自如，意气风发。战士们被李广的勇敢所感染，纷纷振作起精神。

第二天，李广率领战士准备和匈奴人决战。天亮的时候，博望侯张骞率领的军队赶到了，匈奴人见汉军增援部队到了，只好撤退了。

李广查看自己的部队，他带来的将士，几乎全部牺牲。

按照汉朝法律，虽然牺牲了众多将士，但是也杀死敌兵无数，功过相抵，不奖也不罚，所以，李广没有升职，也没有受到处罚。博望侯张骞因为耽误了行军时间，应该被处死，最后处以罚款，贬为平民。

## 九、无功自尽

公元前119年，汉武帝发动漠北之战，由卫青、霍去病各率五万骑兵由定襄、代郡出击，跨过大漠远征匈奴。

这时候，李广已经六十多岁了，但是他依然不服老，要求出征。汉武帝考虑到李广年迈，没有答应。但是李广反复请战，汉武帝最后任命李广为前将军，跟随卫青出征。

汉军出塞后，卫青抓到几名匈奴兵，审问出匈奴单于的驻地，就亲自带领一部分骑兵，追击匈奴单于，他命令李广和右将军赵食其两支队伍合并，从东路出击。

东路比较远，而且缺乏粮草，行军比较困难。

李广就请求卫青说："我的职务是前将军，大将军却命令我从东路出兵，况且我从少年时就与匈奴作战，至今才得到与匈奴单于对阵的机会，我愿做前锋，先与单于决战。"

汉武帝曾暗中警告卫青，认为李广年老，命运不好，不让他与匈奴单于对阵，担心李广不能抓获匈奴单于。所以卫青就坚持让李广走东路，不让他跟随自己直接面对匈奴单于部队。

李广无奈，只好带着军队启程了，但是心中却非常愤怒。他与赵食其一起，带兵从东路出发，军队没有向导，常常迷路，结果落在

钳徒论相（卫青），
选自（清）马骀绘《历代名将画谱》

卫青之后。卫青与单于交战，打败了单于大军，但是单于逃跑了，卫青没能活捉单于，只好收兵。

卫青率军回来，走过沙漠，才在路上遇到李广和赵食其率领的右路军。李广到大将军营帐拜见了卫青，然后，闷闷不乐地回到自己的军营里。

卫青要给汉武帝上报军情，就派长史官送给李广干粮和酒，顺便询问李广、赵食其迷路的情况。李广没有回答。卫青派长史命令李广军营人员前去接受询问。

李广说："将士们无罪，是我迷失道路，我现在亲自到大将军营帐去受审。"

李广来到大将军营帐前，对跟随他的部下说："我从少年起就与匈奴作战，大小仗打过七十多次，如今有幸跟随大将军出征，同单于的军队交战，可是大将军却派我的部队走远路，偏偏迷路，这难道不是天意吗？况且我已经六十多岁了，不能再受侮辱。"

李广说完，就拔刀自刎了。

李广自杀的消息传到大将军营帐，大将军卫青也大吃一惊，非常伤心。消息传到李广军营中，所有的将士都痛哭起来。百姓们听到这个消息，不论是不是认识李广，不论男女老少都留下了眼泪。

## 十、桃李不言，下自成蹊

李广英勇善战，历经汉文帝、景帝、武帝三个时期，立下赫赫战功。他对部下也很谦虚和蔼，深受部下爱戴。就连敌人匈奴单于都很敬佩他。大家都为他的死悲痛伤心。

司马迁称赞他"桃李不言，下自成蹊"。意思是说桃李有芬芳的花朵、甜美的果实，虽然不会说话，但仍然能吸引许多人到树下赏花，品尝果实，以至于树下走出一条小路。一个人做了好事，不用张扬，人们都会记住他。

李广的儿子李敢是霍去病的部下，听说父亲自杀而死，认为是卫青故意调开李广，才导致李广自杀。李敢找到卫青辩理，竟然一拳打在卫青脸上。卫青的卫士要杀李敢，被卫青制止了，卫青也觉得对不起李广，不该让李广从东路进兵。卫青没有声张，隐瞒了这件事。但是，卫青的外甥霍去病却不能接受手下殴打自己的舅舅，后来在甘泉宫狩猎时，射死了李敢。汉武帝也没有追究霍去病的罪责，对外讲李敢是被雄鹿角抵死的。一年后，霍去病也病死了。

李广的孙子李陵，在公元前100年，领五千步兵进攻匈奴，协助贰师将军李广利作战。在今天蒙古国境内的浚（xùn）稽山遭遇匈奴且鞮（dī）侯单于三万骑兵围攻，李陵率军英勇作战，打败了且鞮侯单于的军队。但是，且鞮侯不甘失败，又召集左贤王八万骑兵接连围攻李陵，李陵且战且退，大战八日，由于箭尽粮绝，后无援军，突围失败，投降匈奴。

公元前96年，汉武帝命令公孙敖迎接李陵回国，公孙敖没能完成任务，就谎称李陵帮匈奴训练军队。汉武帝大怒，杀了李陵的母亲及李陵全家。

李陵后来也病死在匈奴。

李广的堂弟李蔡也是一员名将，曾和李广一起参战对抗匈奴，后来担任汉武帝时期的第二任丞相，在李广自杀之后，李蔡因为侵占皇陵土地被逼自杀，家族也被诛杀。

陇西成纪李氏世家从此衰落，直到公元7世纪，李家之后重新崛起，李渊、李世民父子横扫群雄，建立起大唐帝国。

# 苏 武

## 一、出使敌国

苏武，字子卿，是今天陕西西安人，他是我们中国历史上最有名的外交官和使者。使者就是肩负特殊使命，出使别的国家或地方的人。

苏武出使的国家，是匈奴帝国。

汉武帝时期，汉朝和匈奴是两个敌对的国家。由于匈奴长期不断发动战争，侵略汉朝和周边的国家，称霸一方。所以，汉武帝刘彻就发动了很多次进攻匈奴的战争。

在战争期间，汉朝和匈奴也不断互相派遣使者，进行谈判，有时候也是为了侦查敌情。但是在战事激烈的时候，双方就常常把对方的使者扣留下来，作为人质。

在匈奴乌师庐儿单于和呴（gòu）犁湖单于时期，匈奴扣留了大量的汉朝使者。呴犁湖单于死后，他的弟弟且鞮（dī）侯单于继

苏武，选自《历代名臣像解》

位，他担心汉朝会趁着他刚刚即位，立足未稳的时候来进攻。他就表面上对汉朝求和，说："汉朝皇帝是我的长辈，晚辈怎么能进攻长辈呢？我要和汉朝和好，匈奴从此再不侵犯汉朝。"

且鞮侯单于把匈奴扣留的许多汉朝使者释放回来，还派出自己的使者，来到汉朝的国都长安访问。

匈奴使者来到长安，表达了且鞮侯单于要求和汉朝

和好的想法，汉武帝也觉得常年战争，对国家和百姓造成极大损失，就答应了匈奴的要求。同时，汉武帝派出使者到匈奴，护送汉朝扣留的匈奴使者回国。

公元前100年，40岁的苏武被汉武帝任命为使者，出使匈奴。

这一年春，苏武带着他的副使张胜及临时委派的使臣常惠等一百多人，手持汉朝的使节，踏上了出使匈奴之路。

在古代，使臣出使外国时，国君要给他发一个出使的凭证，这种凭证叫"使节"，也叫"符节"，一般用竹子做手柄，上面缀有牦牛尾巴或者珍奇的装饰品。

苏武等人跋山涉水，到了匈奴，把汉武帝的礼物赠送给且鞮侯单于，并且表达了两国永远和平相处的愿望。但是，反复无常的且鞮侯单于可能觉得自己已经坐稳了王位，就开始对汉朝使者表现得傲慢无礼，这使汉朝使团的许多人都觉得非常气愤。

苏武带领的使团在匈奴停留一个多月，完成了使团的任务,正准备回国的时候,却发生了一件意想不到的事。

## 二、被扣匈奴

这时候,有两个事先投降匈奴的人,正在预谋发动一场叛乱,这两个人是缑(gōu)王和虞(yú)常。

缑王是匈奴昆(hún)邪(yé)王姐姐的儿子,在汉军大将霍去病出征河西走廊的时候,昆邪王被霍去病打败,伊(yī)稚(zhì)斜(chá)单于要杀死昆邪王,昆邪王就率领他的部属四五万人投降了汉朝,缑王也跟随昆邪王降汉。后来,缑王又随大将李广利出击匈奴,战败被俘,又投降了匈奴。但是,缑王并不能得到匈奴单于的信任,他一直心怀不满,等待时机叛乱,重回汉朝。

虞常是汉朝派往匈奴的使者,被匈奴扣留在草原上,也在等待时机发动叛乱,重回汉朝。于是,缑王和虞常就常常在一起密谋,寻找机会。

这时候,苏武率领使团来到匈奴。苏武使团的副使张胜曾经是虞常的好朋友。虞常来拜会张胜,就把要和缑王发动叛乱的想法告诉了张胜。张胜也对且鞮侯单于傲慢的态度非常不满,正想寻机报复,他就答应,策应缑王和虞常发动叛乱,绑架单于的母亲大阏氏投奔汉朝。

过了几天,且鞮侯单于出外打猎,只有大阏氏和单于的子弟留在单于大帐中。虞常和缑王就计划在夜里动手,带领七十多个人冲入单于大帐,杀死单于的子弟,挟持大阏氏逃走。但是,他们中的一个人却害怕起来逃走了,而且向且鞮侯单于的子弟告发了虞常和缑王的阴谋。

单于的子弟们率领一部分单于卫队的士兵做好了准备,缑王和虞常带人冲入大帐,被埋伏的卫队士兵团团包围。缑王被卫队士兵杀死,虞常被活捉。其他参与的人都被杀死了。

且鞮侯单于让他的军师卫律审问虞常,虞常供出了参与叛乱的还有汉朝副使张胜,且鞮侯单于就下令把苏武和汉朝使团的人全部包围起来。这时候,张胜才告诉苏武,虞常事先和他串通发动叛乱。

苏武听了感到非常悲哀,他指责张胜说:"作为国家使臣,怎么能背信弃义,参与叛乱呢?这件事情一旦牵扯到我,我被匈奴杀害,必然会引起两个国家的战争。我本来是带着和平的愿望来的,如今却因为我引起了战争,我怎么对得起皇上的信任呢?我只有自杀,才不会引起战争和争端。"

苏武,选自(清)马骀绘《古今人物画谱》

苏武说完,就拔出佩刀想自杀。张胜和常惠赶快抱住他。

不久,卫律带人抓捕了苏武、张胜和常惠。

卫律转达且鞮侯单于的命令:"汉朝使者,要么投降匈奴,要么处死,两条道路,只能选其中一条"。

苏武说:"如果投降,使国家蒙受羞辱,使自己丧失气节,即使活着,还有什么面目再回到汉朝?"

苏武说着,就拔刀自杀,一刀刺进自己的胸口。卫律大吃一惊,赶快抱住苏武,并派人骑快马找来医生。

医生见刀刃深深地刺入苏武的胸口,苏武已经昏死过去。医生让人在地上挖一个坑,在坑中点上火,让苏武爬在坑上。医生猛敲苏武的后背,苏武胸腔里的淤血流出来了。过了许久,苏武才慢慢苏醒过来。

卫律让常惠用车把苏武拉回到营帐中。

且鞮侯单于听说苏武自杀,感叹说:"想不到汉朝还有这样的忠贞之士,一定要苏武投降,才能满足我的心愿。"

单于派人看望苏武,并且给苏武送去药物。

过了一段时间,苏武的伤势好些了。卫律又带人来逼他们投降。卫律把谋反的虞常带进来,一剑刺死。然后说:"如果有人愿意投降,就可以免罪,如果不投降,虞常就是你们的榜样。"

卫律说完用剑指着张胜，张胜吓得跪在地上，说："我愿意投降赎罪。"

卫律说："汉朝副使张胜和虞常谋杀单于亲近的人，应当是死罪，但是单于招募愿意投降的人，赦免了他的罪行。"

卫律对苏武说："汉朝副使有罪，主使也应受到株连。"

苏武说："我没参与谋划叛乱，又不是张胜的亲属，按照法律，只有参与谋反的人或者亲属才受株连，我凭什么受株连？"

卫律又举起剑来刺苏武，苏武怒视着卫律，纹丝不动。

卫律见吓不住苏武，就把剑收起来，劝他说："苏君，我过去也曾经是汉朝的大臣，后来归顺了匈奴，有幸受到了单于的恩宠，赐给我爵位和财富。如今我手下有好几万人，牛马牲口多得满山跑。你今日投降，明日也会和我一样富贵。否则，你等于白白拿自己的身体去做野草的肥料。你这样英勇不屈,谁会知道啊?"

苏武怒视着卫律,并不回答。

卫律又说:"你要是投降了,就能和我做兄弟。今天如果不听我的建议,以后想见我,也没有机会了。"

苏武骂卫律说:"你作为国家的大臣,不顾皇上对你的恩,不顾你对国家的义,背叛皇上和父母,投降蛮夷做俘虏,我以后见你做什么?"

卫律被苏武骂得低下头去。

苏武接着说:"你作为单于信任的人,让你主持审理案子,决定他人的生死,你应该公平执法。但是你却杀害汉朝使者,逼汉朝使者投降匈奴,挑起两国君主的矛盾,自己坐收渔利。你要知道杀害汉朝使者的后果。南越国杀害汉朝使者,最后被汉朝消灭,南越国成了汉朝的九个郡;大宛国王杀害汉朝使者,最后被汉朝消灭,他的人头被悬挂在北门上示众;朝鲜国王杀害汉朝使者,立即就被汉朝灭国了。只有匈奴还没遭到这样的下场。你明知我不投降,就要杀我,使两国开战,那么好吧,你就杀了我,让匈奴的灭亡，从我被杀害开始吧。"

卫律见苏武宁死不屈，报告了且鞮侯单于。且鞮侯单于就下令把苏武关押起来。

苏武被关押在一个很深的地窖里，且鞮侯下令，不许给苏武送食物和水。几天之后，苏武饥饿难忍，他就把地窖里的积雪和自己铺着的毡毛吃下去。

匈奴人见苏武很多天不吃不喝，竟然没有饿死，都说是神在帮助苏武，就把苏武从地窖放了出来。

### 三、北海牧羊

且鞮侯单于下令，把苏武流放到位于今天俄罗斯贝加尔湖畔的北海岸边去放羊。

且鞮侯说："给苏武准备一群小羊让他去放，而且这些羊一头也不能死。什么时候羊能生出小羊羔，就让他回汉朝去吧。"

苏武赶着羊到了北海，他发现，且鞮侯单于给他的羊,都是公羊,是永远也生不出小羊羔的。

苏武白天拿着汉朝的使节放羊,晚上抱着使节睡觉,时刻不忘自己的使命。过了五六年,使节上的毛都掉完了,只剩下一根竹竿,但是苏武每天依然把使节拿在手中。

没有粮食,苏武就挖鼠洞里储藏的果实吃,没有水喝,苏武就吃冰雪,没有房子住,苏武就蜷缩在山洞里。

苏武牧羊,清代年画

有一年,且鞮侯单于的弟弟於(wū)靬(jiān)王到北海打猎。见到了苏武,苏武就教於靬王怎样织网捕鱼,怎样制作射得更远的弓箭,於靬王为了感谢苏武,就送给苏武帐篷、衣服、食物和牛羊。於靬王在北海居住了三年。三年后，於靬王突然得病死了。他的部下也都迁走了。后来，丁灵人盗走了苏武的牛羊，苏武又陷入贫困之中。

## 四、李陵劝降

公元前99年，李陵兵败投降匈奴。李陵本来和苏武是好朋友，且鞮侯单于就让李陵到北海劝苏武投降。

李陵到了北海，两人百感交集，洒泪相见。李陵设酒宴慰问苏武。

李陵对苏武说："单于听说我和你交情深厚，所以让我来劝你，他真心希望你成为他的臣子。你至死也不能回到汉朝了，在这荒无人烟的地方让自己受苦，坚守信义又有谁能看见呢？你不如投降匈奴算了。"

苏武说："我受皇上的派遣出使匈奴，怎么能反叛皇上，投降敌国呢？"

李陵说："皇上对你有什么恩情可言？你的哥哥苏嘉

担任皇上的奉车都尉，跟随皇上到械（yù）阳宫，皇帝下车，车辕撞到柱子上折断了，你哥哥苏嘉被皇上定为大不敬罪，自杀而死。你弟弟苏贤跟随皇上到河东，宦官与管理车马的官员争船，把这个官员推到河里淹死了。宦官逃跑，皇帝下诏让你弟弟追捕宦官，你弟弟没有抓到，就服毒自杀了。我来的时候，你母亲已不幸去世，我送葬到阳陵。你的妻子还很年轻，听说已经改嫁了。只有你的两个妹妹、两个女儿、一个儿子，是不是还活着也不知道。人生如朝露一般短暂，为什么要让自己受这么久的苦呢？"

　　李陵的话说得苏武放声大哭。

　　李陵接着说："我刚投降的时候，也痛苦得发疯，恨自己背叛了汉朝，加上老母被扣留在宫里。但是，皇上不久就杀了我的老母亲和家人，如今皇上年龄大了，朝令夕改，举措无常，大臣们没有犯罪就被灭族的有几十家，我们连自身安全都无法保证，还顾得上别人吗？请听从我的建议，赶快投降吧。"

　　苏武擦干眼泪，坚定地说："我们苏家父子没有什么功劳，都是因为皇上才能位列将帅，获爵封侯。我一直都想肝脑涂地来报答他的恩情，即使是上刀山下油锅，也觉得快乐。臣子侍奉君主，就如同儿子侍奉父亲。儿子为父亲而死没有什么遗憾的。希望你不要再说了。"

李陵在北海与苏武共住了几天，反复劝苏武投降匈奴，都遭到苏武的拒绝。

苏武说："自从匈奴人抓住我的那一天起，我就随时准备死了。你如果一定要让我投降，我直接就死在你面前！"

李陵见苏武态度坚定，叹息着说："苏武真是义士啊！我和卫律真是罪孽深重的人。"

李陵感到羞愧难当，他和苏武抱头痛哭，泪水浸湿了衣襟，随后洒泪而别。

过了几年，李陵又来看望苏武，他对苏武说："最近匈奴人在边疆抓住几个汉朝人，他们说汉朝军民都穿着白色的孝服，说是皇上驾崩了。"

苏武听了，知道是汉武帝刘彻去世了，就向着南面放声大哭，直到眼中流出鲜血。

此后，苏武每天早晚都要哭着哀悼汉武帝，几个月后才停止。

## 五、艰难还乡

汉武帝刘彻去世后，汉昭帝刘弗陵即位。这时候，且鞮侯单于也去世了，他的儿子狐鹿姑继位。

匈奴和汉朝经过多年战争，双方都精疲力竭，最后达成和议。汉朝和匈奴都要释放扣押的对方人质和使者，双方和平相处，永不开战。

但是，狐鹿姑单于说："让苏武投降匈奴，是我父王且鞮侯单于的心愿，我们要继续扣押苏武，达成父王的遗愿。"

匈奴扣押的汉朝使者纷纷回来了，但是不见苏武回来。汉朝派人询问，匈奴就撒谎说苏武已经死了。

后来，汉朝又一批使臣来到匈奴，苏武当年的随从常惠用金钱贿赂看守他的匈奴兵，夜晚跑去见到汉朝使臣。常惠哭着讲述了苏武在北海牧羊的悲惨遭遇，听得所有在场的人，都大哭起来。最后，常惠告诉汉朝使者，一定要编一个匈奴人无法辩驳的理由，把苏武接回去。

第二天，汉朝使者求见匈奴狐鹿姑单于。

汉朝使者说："我们皇上在上林苑射死一只大雁，大雁的脚上绑着一封信，信上说苏武在北海牧羊"。

单于听了感到非常惊讶，以为是神在帮助苏武，就说："苏武的确还活着。"

狐鹿姑单于答应释放苏武回去。汉朝使者急忙带人去北海迎接苏武，他们到达北海的时候，只见苏武手持汉朝使节，站在寒风之中，他的头发凌乱而苍白。

苏武和使者们抱头痛哭，说："我总算等到这一天了。"

离开匈奴边境的时候，李陵设宴为苏武送行。

李陵说："今天你回归汉朝，既在匈奴扬名，又在汉朝立功，任何人的忠诚都超不过你。但是，我李陵却没有办法再回故乡了。"

李陵说完,放声大哭。随后拔剑起舞唱道:"走过万里路啊穿过了沙漠,为君王带兵啊奋战匈奴。归路断绝啊刀箭毁坏,兵士们全部战死啊我的名声已败坏。老母已死,虽想报恩何处归!"

狐鹿姑单于还答应将苏武的部下全部释放,汉朝使者在草原上一共找回来九个人,他们跟随苏武,一起回到了汉朝。

公元前81年春,苏武一行回到长安。全长安城的百姓都跑去迎接他们。苏武手持汉朝使节,走进城门,回到自己阔别19年的家乡,回到自己祖国的都城。离开长安城的时候,他们一百多人浩浩荡荡的使团,如今只剩下十个人回来,走的时候大家都很年轻,如今已经白发苍苍。

苏武和他的手下,在皇宫门前,深情地跪拜。

苏武大声说:"臣苏武出使匈奴,归来了。"说完,他把使节交给迎接他的官员。

苏武后来活到八十多岁,公元前60年去世。

苏武被扣敌国不忘自己的祖国,在极端恶劣的环境中不丧失民族的气节,坚守信念,永不叛国,成为千秋万代歌颂的大英雄。

# 司马迁

## 一、泰山鸿毛

中国有一句名言,叫做"人固有一死,或重于泰山,或轻于鸿毛。"这句话的意思是说,每个人来到这个世界上,最终都会死去,但是,有的人道德高尚,仁爱天下,保家卫国,著书立说,这样的人,即使他死了,他的生命比泰山还重,他的品德比泰山还高。

如果一个人自私自利,损人利己,出卖国家,伤害朋友,坏事干尽,这样的人死了,他的生命比鸿雁的羽毛还要轻。

这句话说尽了我们中国人的生死观和人生价值观。说这句话的人，就是伟大的文学家、史学家司马迁。

## 二、少年好学

司马迁，字子长，出生在公元前145年，他的家乡在今天陕西省韩城市一带。那时候韩城叫做夏阳。

司马迁的爷爷名叫司马喜，父亲叫司马谈。他们都是很有学问的人。

司马迁小的时候，爷爷和爸爸都教司马迁读书，司马迁十几岁，就能通读《尚书》《左传》《国语》这些经典著作。

汉武帝刘彻即位之

司马迁，选自《中国历代帝王名臣像真迹》

后,在全国召集有用的人才,司马谈被选中,到国都长安担任太史令。太史令是一个官职,在皇宫负责起草文件、记载历史、编写史书,同时还要管理国家藏书,推算天文历法。

父亲离开后,司马迁依然留在家乡,帮着爷爷种地,放牛,在爷爷指导下学习文化。

## 三、游学天下

过了几年,司马迁离开了故乡,来到父亲身边。

司马谈告诉司马迁说:"你现在虽然读了不少书,但是,你对世界还没有自己的认识,一个人一生要成为一个有见识的人,就必须去开阔眼界。"

于是,司马迁就遵照父亲的安排,踏上了游学之路。游学就是一边旅游,一边学习。

司马迁从今天的陕西省西安市出发,游历了湖北、湖南、江西、浙江、山东、江苏、河南、安徽等地。

司马迁在汨罗江边,凭吊伟大的诗人屈原,在庐山查看了大禹治水的遗迹,在会稽探寻了大禹的墓地,在江苏观赏了战国春申君的宫室,在曲阜考察了孔子的遗风。他一路走,一路记录民间流传的历史传说和文化典故,感受着山河之美,体会着文化之妙。

## 四、出使西南

司马迁游历结束,回到父亲司马谈身边,他被朝廷任命为郎中。郎中可不是医生,而是一个官名,指的是侍从皇帝的官员。他们跟随在皇帝身边,有的担任护卫,有的陪同皇帝读书,有的充当顾问,等着皇帝询问各种问题。司马迁就是担任皇帝顾问的郎中。

公元前111年,汉朝大军开始进军西南各地,很快就把西南许多民族建立的国家消灭了,汉武帝在西南设置了五个郡,需要派出许多官员去做地方工作。司马迁被派出使西南,他前往巴、蜀以南,筹划新郡的建设。后来,又前往贵州、云南一带帮助建立地方政权。一年后，司马迁回到京城。这次西南之行和早年的游学经历，使司马迁眼界大开，为他以后写作《史记》，奠定了地理和民俗知识方面的基础。

## 五、继承父志

公元前110年春天，司马谈跟随汉武帝东巡渤海，在返回长安的路上，身患重病，不能行走，急忙召司马迁前来看望。司马迁心急如焚，快马加鞭赶到洛阳，才见到了危在旦夕的父亲。

司马谈对司马迁说："我们的祖先远在舜禹时代就做过太史，主管天文，记录历史。今天我就快要死了，但是却没有继承我事业的人，祖先的事业难道要断送在我这一辈吗？"

司马迁赶快问父亲说："您需要儿子做什么？儿子一定照办。"

司马谈说:"我希望你继承我太史的职位,就可以继续我们祖先的事业了。我一生谋划写一部记录千年历史的著作,你做了太史,一定要完成这部著作,千万不要忘记我的遗愿。"

司马迁赶快点头答应。

司马谈说:"一个人的孝道,从侍奉父母开始,再往上就是侍奉君主,最后能够在社会上立足,扬名于后世,光宗耀祖,这是孝道中最重要的。"

司马迁说:"儿子一定恪守孝道,把祖先的事业发扬光大。"

司马谈最后说:"写好史书,就是要把历史上圣贤的思想和行为发扬光大,让人们知道古代圣人的伟大,知道暴君的邪恶。记录下对国家人民有贡献人物的事迹。如今汉朝兴起,天下统一,明君贤臣的事迹到处都是,我作为太史,而不能评论记载,中断了国家的历史,对此我感到十分不安,你可要记在心里啊!"

司马迁低下头流着泪说:"儿子一定记住父亲的话,

完成父亲的心愿。不能有丝毫懈怠。"

过了几天,司马谈去世了,司马迁扶着父亲的灵柩,返回故乡安葬。

## 六、结交贤达

司马迁在故乡为父亲守丧三年后,回到长安,继承父亲的职务,担任了太史令。

这时候,有一大批有学问的人,都聚集在长安。司马迁和他们交往,研习学问,品读圣贤,谈论古今大事,增长了不少智慧。

司马迁和一代大儒董仲舒和孔安国交情深厚,从他们那里,学习了许多经典文化和道理。对儒家文化有了深刻的理解,后来,司马迁写作《史记》,颂扬汤武革命,主张以有道伐无道,主张国家的大一统思想,都是受了他们的影响。

## 七、遭受腐刑

公元前99年,汉武帝派李陵出征匈奴,李陵率军深入几千里,到达今天蒙古国境内的浚稽山时,遭遇匈奴单于大军围攻,李陵率领的几千人和匈奴五万大军血战几天后,全军覆没,最后在无路可走的情况下,李陵投降了匈奴。

消息传到长安,汉武帝非常愤怒,满朝文武大臣都声讨李陵的罪过。司马迁为了让汉武帝平息怒气,说:"李陵一向怀着报国之心。他只领了五千步兵,吸引了匈奴全部的力量,杀敌一万多,虽然战败降敌,但是功可以抵罪,我看李陵并非真心降敌,他是活下来想找机会重回汉朝。"

但是,司马迁的话却让汉武帝非常生气,他认为司马迁是在给叛徒开脱罪责,就把司马迁打入死牢,定为死罪。

司马迁在监狱里受到残酷的折磨,他在写给朋友任安的信中，叙述了他在狱中的悲惨生活。他的手脚被捆在一起，用木枷锁住，绳索捆绑，皮肉暴露在外，受着棍打和鞭答。看见狱吏就把头碰在地上叩头，看见牢卒就吓得喘息不止。

按照汉朝的法律，死刑犯可以缴纳财物赎罪。但是，司马迁家中贫穷，没有财物可以赎罪。也可以接受宫刑，就是割掉生殖器的刑罚，但是，宫刑是人生最大的屈辱。

司马迁想自杀而死，结束屈辱而悲惨的生活，但是，他又不能违背父亲的遗愿，他想到古代许多伟大的人，都遭受过悲惨的命运。周文王姬昌被关押而扩写《周易》；孔子饱受困难而写作《春秋》；屈原被流放才写了《离骚》；左丘明失去视力，才编写《国语》；孙膑被截去膝盖，才撰写出《兵法》；吕不韦被贬到蜀地，后世才流传着《吕氏春秋》；韩非被囚禁在秦国，写出《说难》《孤愤》；《诗经》三百篇，大都是圣贤们抒发愤慨而写作的。这些人都是感情被压抑，不能实现自己的理想，所以记述过去的事迹，让将来的人了解他们的志向。便退隐著书立说来抒发他们的怨愤,著书立说来表现自己的思想。

最后,司马迁为了完成父亲撰写史书的宏伟愿望,在万分悲痛和屈辱中接受了宫刑。

## 八、撰写巨著

接受宫刑之后,司马迁担任了中书令的职务。但是他把全部的心血都用在史书的写作上,前后花费了十四年时间,终于在公元前91年,完成了伟大的历史著作《史记》。

《史记》全书130篇,五十二万六千五百多字,包括叙述历代君主政迹的十二本纪,记述子孙世袭的王侯封国历史的三十世家,讲述一个时代主要代表人物事迹的七十列传,用表格的形式简单讲述人物和历史事件的十表,记述礼乐制度、天文制度、兵律制度、社会经济、河渠制度、地理制度等方面内容的八书。

《史记》记录了中国自黄帝时期开始,直到汉武帝时代的历史变迁,记录了三千多年社会政治、文化、天文、历法、经济方面的变化，记录了历史上主要人物的命运。司马迁不但是一位伟大的历史学家，也是一位伟大的文学家、天文学家、经济学家和政治学家。《史记》中记录的历史人物个个都性格鲜明，活灵活现，成为传世的经典。

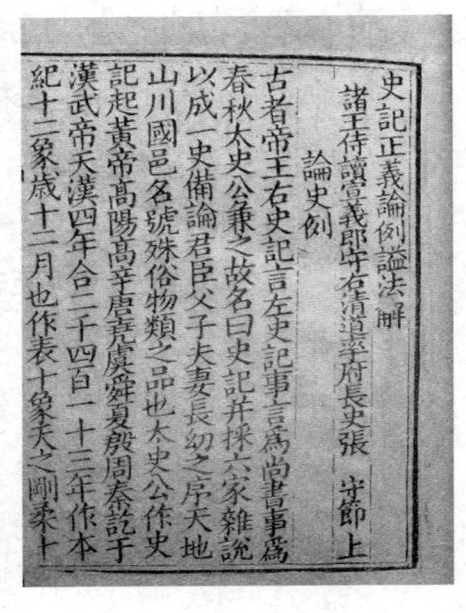

《史记》书影

由于《史记》中真实地记录了汉武帝的一些荒诞残暴行为，所以，在汉武帝时代，《史记》并没有流传，司马迁把《史记》的书稿，交给他的女儿保存。直到几十年后，汉宣帝时代，他的外孙杨恽在朝廷做了大官，他才把《史记》公之于众。

司马迁后来是怎样死的？什么时候死的？都成为千古

之谜。

因为《史记》的巨大价值,司马迁成为中国文化史上泰山北斗式的伟大人物。

# 王 莽

## 一、众说纷纭

王莽是中国历史上一个很奇特的人物,有人说他是一位大胆的改革家,有人说他是一个阴险的阴谋家。他为人谦恭礼让,礼贤下士,大义灭亲,孝敬长辈,但是,却有许多人说他为人虚伪,沽名钓誉。

王莽一心恢复儒家礼仪,主张恢复周朝制度,把土地分给穷苦农民耕种,主张财富要平均分配。但是,却遭到豪强地主的反对,最终失败。

王莽也想辅佐汉朝中兴,但是最后自己却登上皇帝之位，建立新的朝代，被后人说成篡夺汉朝皇位的大奸臣。王莽轻率发动边疆战争，加重人民负担，导致全国动乱，起义爆发。再加上天灾不断，最后导致国破身亡。

我们从王莽的行为中，可以吸取许多经验和教训。

## 二、少年君子

王莽祖籍今天河北省邯郸市大名县，生于公元前45年。他出生在一个地位显赫的大家族。因为他的姑姑是长期执掌汉朝大权的孝元皇后王政君，所以，他的家族地位非常高，曾经有九人被封为侯爵，五人担任主管全国军队的大司马。王氏是西汉后期地位最显赫、权势最大的家族。

王莽本人却家境比较清苦，他的父亲王曼和哥哥王永在王莽很小的时候就死了，王莽就跟随叔父们一起生活。

由于王家权势很大，所以王家子弟大多骄傲自满，沉迷于荣华富贵和声色犬马的生活中，兄弟们互相攀比，相互争斗，搞得乌烟瘴气。只有王莽喜欢清静简朴的生活。

他长相端庄英俊，为人低调，待人诚恳，谦虚好学，喜欢学习儒家经典，特别精通《礼经》。因而，他从小就有少年君子的好名声。

王莽也是一个大孝子，他父亲和哥哥死了，王莽对母亲和嫂子非常恭敬孝顺，而且对哥哥的孩子就像自己的孩子一样爱护。他的叔父王凤有病，王莽到床前侍候，每次煎药都要亲自尝尝，看看药有没有发霉变质，试试温度是不是合适。他夜里侍候叔父，站立床头，从不休息，几个月不宽衣解带，搞得蓬头垢面。他的好名声四处传扬，几乎成了当时的道德模范和人们争相学习的榜样。

## 三、勤奋理政

王莽24岁的时候，由他的叔父王凤推荐，开始在朝廷做官。王莽从来不骄傲自满，他清廉俭朴，礼贤下士，认真工作。他常常把自己的工资拿出来救济读书人和贫民百姓，有时候，为了救济穷人，他连自己乘坐的轿子也卖掉了，步行上朝。所以人们都很爱戴他。王莽的好名声让他不断得到重用，30岁被封为侯爵。

公元前8年，王莽的叔叔王根病重，举荐王莽代替自己担任大司马职务。这一年，王莽38岁。

大司马也就是军队的总司令，不但要主管军队工作，还要参与处理很多朝廷事务。王莽担任大司马后，工作更加勤奋，生活更加简朴。为了给朝廷招揽人才，他把皇帝赏赐的钱都用来招待各地来的人，他和家里人日子过得非常清苦。他夫人穿着粗布衣服，没有佩戴任何首饰，许多人来家里拜会王莽，都把他夫人当成家里的仆人。

## 四、为奴杀子

公元前7年，汉成帝刘骜（ào）去世，汉哀帝刘欣继位。新皇帝继位后，就开始信任自己母亲的亲族，王莽受到排挤，辞掉了官职，到自己的封地新都隐居。王莽害怕引起别人的猜忌，就在家中闭门不出。

有一年，王莽的二儿子王获在家中杀死了一名家奴。这件事本来没有外人知道，完全可以隐瞒起来。但是王莽认为人命关天，杀人者必须偿命，他逼着王获自杀，为家奴抵命，又亲自到家奴家里道歉赔偿。这件事，让所有的官员和百姓都感到非常震惊，纷纷赞扬王莽奉公守法的精神。

许多官吏和平民都为王莽被免官鸣不平，要求恢复他的官职，汉哀帝刘欣只得重新召回王莽，但没有恢复他的官职，只让他回京侍奉王太后。

## 五、重掌大权

公元前1年，汉哀帝刘欣去世。太后王政君收回传国玉玺，重新掌握大权。王太后下诏，要求朝中大臣推举大司马人选，众人纷纷举荐王莽，不久，王太后诏命王莽再次出任大司马。

汉哀帝刘欣没有儿子，王莽拥立九岁的刘衎（kàn）登基，就是汉平帝。由于皇帝年幼，而且患有癫痫病，经常发作，加上太皇太后王政君对政治非常厌倦，国家大事只能交给王莽处理，所以，王莽就开始独揽大权。

此时，王莽已经意识到，要想实现自己的政治抱负，再不被人排挤出朝廷，就必须掌握大权，他开始排斥和自己不是一条心的人，还提拔了许多对自己百依百顺的官员，并把朝廷中反对怨恨自己的人清除掉。王莽逐渐在朝廷中培植起了自己的势力。

随后，王莽实行了一系列措施，希望恢复汉朝国力，并且让人民过上安定的生活。

王莽首先抓的是扶贫工作，他制定政策，对孤寡老人和失去父母的孩子进行抚恤和安慰。王莽要求太后王政君带头过俭朴的生活，他自己贡献出俸禄钱一百万和田地三十顷救济失去土地的农民。在王莽的带动下，官员们纷纷效仿。每逢遭遇水旱灾害，王莽只吃素食，不吃肉喝酒，把节约下来的钱物全部用来救济灾民。

公元2年，北方发生了旱灾，接着又发生了蝗灾，地里的庄稼颗粒无收，百姓没有饭吃，四处逃荒。

为了救灾，王莽带头把住宅让出来，收留灾民，他还把家里存下的粮食全部拿出来，送给灾民吃，而他和灾民吃同样的救灾食品。在他的带动下，二百三十名官员献出土地和住宅，安置救济灾民。

王莽还下令在各地建立安置灾民的住房，就连国都长安也为灾民建起了一千套住宅，收容患病的灾民，由医生统一救治。

国家对灾区也不再征收租税，而且对因灾而死的人发放抚恤金。

王莽的行为深受人民爱戴，大司徒陈崇上表赞颂王莽的功德，说他的品德可与古代的圣人伊尹、周公相比。

不久，王莽被封为安汉公，权倾朝野。但是，王莽把朝廷分封给他的封地和俸禄转赠给两万多人，他更加受到人们的崇敬。

## 六、狗血事件

王莽的威望越来越高,权威越来越重。但他依然担心会有人夺取权利,于是,他开始全力铲除对他构成威胁的各种势力。

他担心汉平帝刘衎的母亲卫氏家族会对他造成威胁,于是,他下令将卫氏及其家族迁到他们的封地中山国,并且禁止他们再回到国都长安。

王莽的长子王宇劝阻王莽说:"皇帝年幼,如果他将来长大了,执掌皇权,必然会对今天迫害他母亲的人打击报复,到那个时候,我们王家可就没有好日子过了,这件事还是要慎重。"

但是,王莽坚决不听。

王宇见父亲不采纳自己的意见,就找自己的老师吴章商议,吴章出主意说,王莽非常敬重鬼神,如果让王莽知道,鬼神也不支持他的做法,王莽必然会罢手。

王宇和吴章想出一个办法，王宇指示自己妻子的哥哥吕宽，趁着夜深人静之时，把一大桶狗血洒在王莽大门上。如果王莽看见，会认为是天神对自己的警告，他就会改变主意，把卫氏家族留在京城。

但在，吕宽在王莽门上洒狗血的时候被发现，并且被当场抓捕。吕宽招供是王宇和吴章策划的。于是王莽下令，把王宇逮捕入狱，并且毒死。吴章逃跑，不久被抓捕杀死，而且被诛灭三族。然后，王莽又诬陷卫氏一族，把卫氏全族杀害，甚至牵连了许多无辜的人，包括敬武公主、梁王刘立等皇室成员。"狗血事件"牵连到一百多人被残杀，朝廷官员都非常震惊。

"狗血事件"本来是朝廷各派争权夺利的产物，王莽在这件事中表现得冷酷无情，他杀害并无大错的亲生儿子，还株连到众多无辜的皇室成员和外戚。但是，这件事却成了当时一些无耻文人巴结王莽，向王莽表功的一次机会。许多人撰写文章，歌颂王莽，把"狗血事件"宣传成"大义灭亲"的壮举，并且把这些文章分发到各地，让官吏和百姓学习，甚至作为考试的科目，让学子们背诵。

## 七、加号"九锡"

公元3年，王莽将自己9岁的女儿王嬿（yàn）立为8岁的汉平帝刘衎（kàn）的皇后。公元4年，汉平帝刘衎给王莽加号"宰衡"。"宰衡"是西汉朝廷为王莽独创的一个官称，是凌驾于所有诸侯王公之上的官职。

这时，王莽开始大力实行自己恢复周朝礼仪的政治主张。他奏请在长安城修建用来祭祀天地的明堂，修建尊崇儒家培养人才的学校辟雍，修建沟通神灵的灵台。他下令建造一万套住宅，网罗天下学者和有特殊本领的人来长安，为国家效力，各地来到长安城的学者多达万人。

王莽大力宣扬儒家的礼乐教化，得到各地儒生的热烈拥护。

公元4年，有四十八万名民众联名上表朝廷，为王莽请功，接着朝廷中的王公、诸侯、宗室上奏请求加赏王莽，公卿大臣九百人请求为王莽加"九锡（cì）"。于是，朝廷赐予王莽象征至高无上礼遇的"九锡"。

"九锡"是中国古代皇帝赐给诸侯、大臣和有特殊功勋者的九种礼器，是最高礼遇的表示。这九种礼器包括特制的车马、服装、乐器、红色的大门、上朝登上台阶的木垫、三百名虎贲（bēn）卫士、特制的红黑色弓箭、掌握生杀大权的斧钺（yuè）、供祭礼用的香酒。

## 八、代汉自立

公元5年，14岁的汉平帝刘衎病重，王莽祈祷上天，愿意以自己的生命代替汉平帝而死，只求上天让刘衎恢复健康。但是，公元6年十二月，汉平帝还是病重而亡。

王莽为了继续独揽大权，没有选择立年纪较大的皇族子弟为新的皇帝，而选择了年仅2岁的刘婴登上皇帝之位。太皇太后王政君根据大臣们的意见，让王莽代天子理政，称为"假皇帝"，臣民则称王莽为"摄皇帝"，此时王莽已经51岁了。

王莽代理皇帝之位，引起汉朝刘姓宗亲的强烈反对，安众侯刘崇首先起来武力反对王莽，他率领一百多人进攻宛城，但是因为人数太少，连城门也没有攻进去就失败了。第二年九月，东郡太守翟义也起兵反叛王莽，并且拥立刘信为皇帝。长安以西赵明等也起来造反。

王莽十分恐惧，饭也吃不下，觉也睡不着，日夜抱着小皇帝刘婴在宗庙祷告。同时，王莽调动大军镇压了叛乱。

各地叛乱平定了，接着，又有许多人认为，汉朝气数已尽，必然灭亡。只有王莽，才能拯救天下百姓；只有王莽，才能带领国家走向诗书礼仪的理想王国；也只有王莽，才能带领国家走向繁荣富强。于是，各地又有众多的人劝王莽登基称帝。他们把大自然中的许多现象，和王莽联系起来，说成是王莽登上皇帝之位的预兆。还有许多人，为了向王莽邀功，竟然人为制造假象，说成是王莽登基的"祥瑞之兆"。有人在长安附近的一个井里发现一块白石，上面刻有红色文字："告安汉公莽为皇帝"。意思是说，天神告诉人们，"安汉公王莽应该当皇帝"。

就在王莽当了摄皇帝之后，临淄县昌兴亭的亭长说，自己梦见了"天公"。在梦中，天公对他说："摄皇帝应该当真皇帝"。天神还说："如果你不相信我的话，你醒后就会看见，院子里会出现一口新井。"亭长说，他第二天起来，发现院子里真的有一口新井。亭长把他的梦告诉大家，大家都认为，王莽应该顺从天意，当皇帝。

王莽开始对这些事也是疑惑不解，直到公元8年十一月，一个叫哀章的人，向朝廷进献了两个铜盒，铜盒装着"天帝"和"赤帝"降下的"符命"。在"符命"上写着"王莽该当皇帝"。

这个时候，王莽才真正觉得自己当皇帝是"天意"。

公元8年十二月，王莽和许多大臣，不顾太皇太后王政君的劝阻，逼迫王政君交出传国玉玺，接受刘婴"禅让"，当上皇帝。改国号为"新"，这一年，王莽54岁。

王莽是中国历史上第一个通过禅让的方式当上皇帝

的人。过去的皇帝，要么是武力夺取，要么是血缘继承。只有王莽是在大臣们的推举下，由前任皇帝，把皇位和平"禅让"给他的。

## 九、王莽改制

新朝建立之后，王莽采取了一系列措施，来改变汉朝腐朽的政治局面。

西汉后期，朝廷的税收很重，而且不断调集人民去服劳役。而公卿贵族家中养着大量的奴婢，占有大量的土地，却不用交税，也不用服劳役。公卿贵族奢侈

王莽新币

挥霍，人民生活困难。人民和公卿贵族之间矛盾尖锐，各地农民起义不断，社会动荡不安。

王莽信奉儒家思想，他认为天下要恢复到孔子所说的"礼崩乐坏"之前的礼治时代，才能实现政通人和，天下太平。因此王莽当上皇帝后，通过复古西周时代的周礼制度来达到他治国安天下的理想，于是他仿照周朝的制度开始推行新政，这在历史上称为"王莽改制"。

王莽恢复了周朝初期的井田制。把土地收为国有，按人口分配，私人不准买卖。他规定八口以下的家庭，耕地不得超过九百亩，超过了的土地，一律没收，或由地主直接分给他的邻居或亲属。没有土地的农民，由政府分给土地。以一对夫妇一百亩为原则，不满一百亩的，由政府补足。

王莽要求废除家奴制，禁止所有家奴和婢女买卖。他还使用强迫的手段，改造无业游民。凡是不从事正当职业的人，规定每人每年罚布帛一匹，无力缴纳的，由政府强迫劳役，在劳役期间，由政府供给衣食。

汉代农民耕地，汉画像石

王莽对重要物资，实行国家专卖制度。酒、盐、铁器这些人民必需的物品，都由国家设立部门专门经营，而且限制价格，以很低的价格卖给农民。他禁止贵族官员私自制造货币，由中央政府统一制造发行。

王莽把各种天然资源，都划为国家所有，由政府开采。

为了安抚贫困农民，支持农民生产，王莽建立了贷款制度。规定贫困人家因祭祀或丧葬没有资金可用，可向政府贷款，不收利息。但为了经营农业商业而贷款，政府则收取纯利的十分之一的利息。

王莽全面实行计划经济。由政府控制物价，防止商人操纵市场，以消除贫富不均。粮食布匹之类的日用品，在供大于求时，由政府照成本收买。求大于供时，政府卖出，以阻止物价上涨。

王莽根据儒家经典，将一大批政府机构和官职改换了名称，重新设置了许多官职。

王莽还更改了许多地名，比如把"长安"改为"常安"，把"山阳郡"更名为"巨野郡"。一次性更换众多地名，搞得人们都记不住自己是哪个地方的人了。政府颁布文件，也常常把地名搞错。

"王莽改制"是一次惊天动地的全面改革。

## 十、新政失败

王莽建立新朝后，天象并不是按照王莽预想的那样"祥瑞"，而是自然灾害不断发生。这一段时间，是中国历史上自然灾害最严重的阶段之一，旱灾、蝗灾、瘟疫不断发生，黄河决口改道，使北方很多地区受灾，灾民多达几百万。在重大灾害面前，王莽几乎拿出国家仓库的全部贮备救灾，但是依然不能解决问题。灾民不断增多，四处逃荒，饥饿的灾民最后成了推翻王莽政权的主力军。

王莽改制是在仓促之间推行的，没有得到大多数官员的支持，而且他的政策，大多是剥夺公卿贵族、豪强地主的利益，所以，一开始就遭到他们激烈的反对。王莽又通过严酷的刑法，强行推行新政，诸侯、公卿直到平民因违反法令而受重罪处罚的人不计其数，社会开始动荡不安。人们还没有从新政中得到好处，许多人已经深受其害。

王莽把货币铸造权收回国家后，为了减少公卿贵族占有的财富，他以"托古改制"为名进行了一系列的币制改革。但是，货币铸造混乱，而且每隔几年就发行新的货币，导致民间交易很不顺畅。并且每次改制的钱币不断缩小，价格却越来越高，实质上剥削了普通民众的财富。币制改革非常失败。

王莽对边疆各游牧民族政权也采取了一系列轻率的

改革政策，甚至轻率发动战争。

公元9年，王莽以"天无二日，土无二王"为由，将西域各国的"王"改封为"侯"，从而引起了西域各国的普遍不满。西域各国开始动乱起来，先是互相进攻，后来又进攻汉朝设在西域的都护府。公元16年，王莽派五威将王骏等人率兵出征西域，被西域诸国联合围歼，差一点全军覆没。

西南各国也对王莽"降王为侯"的做法十分不满。居住在今云南广南县一带的句町（dīng）王不从命，被王莽处死。于是，句町王之弟率众起兵。王莽派出军队二十万人征伐句町，但因军粮供应不足，三万多士兵饿死。

汉宣帝以来，汉朝与匈奴的关系得到改善。呼韩邪（yé）单于穷困时投降汉朝，汉朝将匈奴依然看做与自己平等的大国对待。汉朝发给匈奴的印信，文字是"匈奴单于玺"。王莽为表现自己"威德至盛异于前"，便改变了这种友好的态度。公元9年，他命令使臣收缴"匈奴单于玺"，而发给"新匈奴单于章"，不但在匈奴前加"新"字，且以"章"代"玺"。表示匈奴是低于王莽的政权，这引起了匈奴单于的不满，再加上其他一些纠纷，平静多年的北方边境开始紧张起来，战争一触即发。

王莽还下诏令匈奴单于改名为"降（xiáng）奴单于"，接着又下令匈奴全国分为十五国，这就引起了匈奴单于的公开反对。匈奴开始侵扰边塞，边境地区官民被杀死不计其数。

王莽派孙建等十二名将军，发兵三十万人，分十路同时进攻匈奴。大军陆续抵达边境，但是粮草的征集却十分困难。王莽下令动员全国的财力、物力，准备同匈奴长期作战。这样，大大加重了人民的负担，终于导致了全国此伏彼起的暴动和起义。

因为王莽在汉朝设立了北海、东海、南海四个郡，为了凑足"四海"，他强迫羌人"献"出青海湖一带的土地，设立了西海郡。把成千上万百姓强行迁移到这片荒凉的土地上，使西北边疆也动荡起来。

王莽改制，虽然是从良好的愿望出发，但是，却给国家造成动乱，给人民带来灾难，在天灾不断，粮食贮备不足,各种政策宣传不到位,官员准备不充分的情况下,草率行事,最终,导致改制彻底失败。

## 十一、国破身亡

从公元11年开始,各地百姓就不断起义,有两支最大的队伍,成为农民起义的主力军,这就是南方的绿(lù)林军和北方的赤眉军。

公元23年,绿林军攻入长安,王莽在军队的护卫下逃往四面环水的渐(jiàn)台,后来,起义军攻入渐台,将王莽带领的近百名大臣和一千多名卫士全部杀死。王莽在混乱中也被商人杜吴所杀。起义军将领砍下王莽的头颅,士兵将王莽的尸体砍成碎块。第二天,起义军将王莽的头颅悬挂在市场上,百姓们割掉王莽的舌头当肉吃。后来,有人把王莽的头颅刷上生漆,当做反面教材,收藏在历代皇室里。直到公元295年,晋惠帝时,洛阳武库发生大火,才被焚毁。

# 刘　秀

## 一、生于底层

　　王莽建立了新朝，没过几年，天下就发生了动乱，各地起义大军纷纷起来造反。起义大军中，有一位文武全才的杰出领袖，经过近二十年的征战，消灭了王莽主力和各路军队，重新建立政权，让国家走上稳定发展的道路，这个人就是东汉开国皇帝刘秀。

　　刘秀是汉高祖刘邦的九世孙，汉景帝刘启的儿子长沙定王刘发的后代。

　　汉武帝刘彻时代，为了削弱各个地方王国的权力，推行了"推恩令",就是要求各地王国把土地分给子孙,从而让一个个地方王国变得越来越小。经过几代划分,到刘秀的父亲刘钦这一辈,已经没有封地了,刘钦只做了济阳县县令这样的小官。

公元前5年1月15日,刘秀出生在今天的襄阳市。

汉光武帝刘秀,佚名绘

据传说,这一年,刘钦房前长出了三株小米,每株九个穗,比一般小米要长一二尺。刘钦因此给自己的孩子取名为"秀"。"秀"的意思是庄稼出类拔萃(cuì)。

公元前3年,刘秀的父亲刘钦去世,年仅9岁的刘秀与哥哥姐妹一起,投奔蔡阳县的叔父刘良,从此成了普通的农民。

刘秀的大哥刘縯(yǎn)是一位豪侠仗义的异士,他对王莽篡夺汉朝政权一直心怀不满，常常愤怒咒骂王莽。刘縯还喜欢结交各种英雄豪杰。但是，刘秀却喜欢耕种庄稼，勤奋读书。

公元14年，刘秀来到国都长安上学，学习《尚书》《春秋》等儒家经典，培养起以天下为己任的情怀，从而成为一位有智慧，有理想的青年。

## 二、宛城起兵

王莽建立的新朝后期，天下大乱。刘秀的大哥刘縯就和许多人一起，在舂（chōng）陵起兵造反。

公元22年10月，刘秀也打着"复高祖之业，定万世之秋"的旗号，带领几百人在宛城起兵。

这时候，刘縯在舂陵聚集各路起义军，刘秀就带兵从宛城到舂陵与大哥会合。但是，刘秀率兵来到了柴界的时候，碰到新朝的军队，由于兵力弱小，刘秀慌忙逃回襄阳，藏在自己出生的小屋里，才躲过了新莽军队的追杀。

后来，刘秀又带领自己手下的残兵，四处寻找刘縯的起义军，兄弟俩终于会合了。

刘縯和刘秀把南阳其他刘姓皇室子弟带领的军队整编起来，一共有七八千人，称作"舂陵军"。

舂陵军人数少，装备差，刘秀最初上阵作战的时候，连一匹马都没有，只好骑着一头公牛作战。后来，经过激战，刘秀才夺得一匹战马。

这时候，王莽派遣大军来镇压起义军，刘縯和刘秀商议，只有联合起来，才能壮大力量，对付王莽的军队。于是，他们就带领舂陵军与当时最大的起义军绿（lù）林军会合在一起。

不久，绿林军在沘（bǐ）水、育阳等地与王莽的征讨大军激战，击败了王莽军队，取得胜利。起义军也发展到十万多人，队伍更加壮大。

### 三、昆阳之战

公元23年,绿林军几位将领推举西汉宗室刘玄为皇帝,年号为"更始",称为更始帝。

更始帝刘玄封刘縯为大司徒,刘秀为太常偏将军。

更始帝打着恢复汉朝的旗号,让王莽非常愤怒,于是,王莽立即派遣大司空王邑、大司徒王寻发精兵四十二万,扑向昆阳和宛城一线,力图一举消灭起义军。

王邑、王寻率军西出洛阳,南下颍川,直逼昆阳。

这时候,刘秀只率领八九千起义军防守昆阳。

刘秀手下有的将领

汉光武帝刘秀,(唐)阎立本绘

提出分散突围的主张。刘秀劝大家说:"把军队合在一起,可能还有取胜的希望,如果分散开来,就会被敌人一个个消灭。"最后,刘秀说服大家,坚守昆阳,与敌人死战。

在王莽大军到来之前,刘秀率13名骑兵乘夜出城,调集援兵,先后调集步兵、骑兵一万七千人,跟随刘秀增援昆阳。

王邑率领四十万大军,号称百万,他依仗人多势众,非常骄傲,他说:"我百万之师,所过之处,敌人都会被消灭,今天我们攻克昆阳,将城中人马,全部诛杀,然后踩着敌人的鲜血,高唱战歌,奏响凯旋的音乐,奋勇前进,岂不痛快?"

王邑率领军队向昆阳城发起进攻,同时挖掘地道,制造云车,从地下、空中同时攻城。

守城的起义军死守城墙,没有退缩半步。

王莽军几次攻城,都无法攻破起义军的防线。这时候,刘秀率领的增援部队赶到了。刘秀亲自率一千多名精锐部队为前锋，冲入敌阵，反复冲杀，起义军士气大振。随后，刘秀又派遣三千名勇士，迂回到敌军的后方，向王邑大本营发起猛烈的攻击。

王邑依然轻敌，他下令各营士兵不许轻举妄动，自己和王寻率领一万兵马迎战起义军。他没有想到，起义军以一当十，作战非常英勇。不久，王邑率领的人马陷入包围之中。王寻也被起义军杀死，其他将领遵守命令，不敢出营救援。

昆阳城中的起义军见城外义军取胜，也乘胜出击。王莽军大乱，纷纷夺路逃命，互相践踏，死伤无数。

这时，天空突然狂风大作，暴雨如注，滍（zhì）水河暴涨，王莽军一万多人想过河，被淹死在河中。

王莽四十万大军主力部队，在昆阳城下全军覆灭。

刘秀在昆阳之战中，凭借自己的勇敢和智谋，率领不到两万人马，战胜了王莽四十多万大军，创造了以少胜多的辉煌战例。

公元23年九月，绿林军乘胜攻入国都长安，王莽死于混战之中，新朝覆灭。

## 四、忍辱负重

在起义军取得辉煌胜利的时候，更始帝刘玄嫉妒刘縯战功显著，担心刘縯夺取自己的皇帝之位，就杀死了刘縯。这时，正在前线作战的刘秀听到哥哥被害的消息，悲痛万分。

但是，面对刘玄强大的实力，刘秀只能把悲愤藏在心中，表面对刘玄更加尊敬。刘玄见刘秀如此谦恭，反而有些不好意思。于是，刘玄封刘秀为武信侯。

刘秀心里明白，即使一时让刘玄相信自己，以后他也会得到与刘縯一样的下场。

当时，新莽王朝虽然覆灭，但是黄河以北各州郡都在持观望态度，北方起义军赤眉军在山东发展迅速，还有几路割据势力，盘踞在黄河以北，不愿意归顺更始政权。

刘玄急切需要派遣将领，去占领黄河以北。这时候，有人对刘玄说:"刘秀是去河北的最佳人选。"

公元23年十月,更始帝刘玄派遣刘秀率军北渡黄河。在路上,刘秀的好朋友邓禹赶上刘秀,对刘秀说:"天下之乱方起,刘玄必败。"他劝刘秀"招揽英雄,收取民心,立汉高祖之业,救万民之命"。

邓禹的话,正合刘秀的心意。

刘秀到了河北后,得到上谷太守耿况和少年英雄耿弇(yǎn)父子俩的支持,消灭了在邯郸称帝的王郎,并收编了王朗的人马,实力也变得强大起来。

更始帝刘玄见刘秀在河北的力量日益壮

汉光武帝涉水图,(明)仇英绘

大，极为不安，他派遣使者到河北，封刘秀为萧王，命令刘秀交出兵权，回长安接受封赏。同时，派人到刘秀身边，监视刘秀的动向，还安排自己的心腹谢躬做幽州牧，接管了幽州的兵马。

刘秀以河北还没有平定为理由，拒绝离开河北，授意手下吴汉将谢躬杀死，并且收编了幽州、上谷等地的兵马。从此，刘秀与更始帝刘玄公开决裂。

无终夺军（吴汉），
选自（清）马骀绘《历代名将画谱》

刘秀率领幽州十郡骑兵，打败占据河北的农民起义军，起义军几十万人加入到刘秀的军队中。此时，刘秀已经率兵百万，被称作"铜马帝"。

## 五、登基称帝

公元25年六月，刘秀在众将拥戴下，在今天河北省邢台市柏乡县的鄗（hào）城登基称帝，国号依然为"汉"，年号为建武。历史上称为后汉，或者东汉。

公元25年十月，刘秀定都洛阳。

## 六、大战赤眉

这时候，北方起义军赤眉军拥立小牧童刘盆子做了皇帝，建立了建世政权，拥兵三十万，进逼关中，企图占领长安。

更始帝刘玄为了守住长安，派遣大军与赤眉军交战，都大败而归，死伤惨重。最后，不得不向赤眉军投降。刘盆子封刘玄为长沙王，后来将刘玄杀死。

刘秀听说绿林军和赤眉军在关中发生激战，就派手下大将邓禹率军进入关中，等待时机，占领长安。

这时候，经过几年战乱，关中地区粮食无收，四处饥荒，赤眉军没有粮食，只能杀人充饥。关中犹如人间地狱，城郭无人，四野白骨。

赤眉军撤出长安，往西到今天甘肃境内的陇右地区补充粮草，结果被割据陇右的隗（kuí）嚣（xiāo）打败。赤眉军数十万大军只得再次返回长安，并击败了进驻长安的邓禹军。邓禹被迫退出长安。

荒亭进粥（冯异），选自（清）马驲绘《历代名将画谱》

接着，刘秀派遣将军冯异率军前往关中，代替邓禹指挥西征大军。

冯异到达关中后，与邓禹联合，与赤眉军再战，结果再次大败，冯异丢掉战马只率少数人，步行逃脱。邓禹则逃往宜阳。

冯异随后收拢逃散的士兵,待机再战。

不久,冯异率军与赤眉军再次在今天河南渑(miǎn)池西南的崤(xiáo)底遭遇。双方大战一天,直到太阳偏西。冯异让精壮士兵换上赤眉军的服装,突然杀出,赤眉军分不清敌我,大惊失色,只能四处溃逃。其中八万多人向冯异投降。

赤眉军残余部队,向东南溃逃,刘秀亲自率大军抵达宜阳,与耿弇(yǎn)等人会合,共同阻击赤眉军南下。赤眉军粮草缺乏,士气低落,无力再战。在陷入绝境的情况下,十几万兵马只能向刘秀投降,并向刘秀呈上汉朝的传国玉玺。

赤眉军投降后,缴获的兵器和甲胄(zhòu)堆放在宜阳城西,与旁边的熊耳山一样高。

## 七、平定令国

在与赤眉军交战的同时,刘秀派大军,对地方割据势力梁王刘永、齐王张步、海西王董宪等进行东征,最终消灭了这三股势力,基本平定了关东。

后来,又经过多年征战,消灭了盘踞在陇右和四川的隗嚣(wěi xiāo)和公孙述势力,终于结束了自新莽末年以来四分五裂、战火连年的混乱局面,使全国再次归于统一。

## 八、光武中兴

从新莽末年到东汉初年,历经了近二十年战乱,人民伤亡惨重,战死和饿死者不计其数,到刘秀再次统一天下,全国人口减少了百分之八十,只有百分之二十存活下来。

刘秀是出身平民的皇帝,深知人民的疾苦。在平定各地叛乱之后,刘秀采取了一系列措施,稳定国家政局,恢复和发展社会生产,改善人民生活。

在刘秀在位的三十三年中,东汉出现了社会安定、经济恢复、人口增长的局面。因刘秀谥号为光武,所以历史上把这个时期称为"光武中兴"。

# 班　超

## 一、汉匈再战

汉朝和匈奴之间的战争进行了几十年，在汉武帝时代，汉军多次打败匈奴，使匈奴不断北迁，逃往大漠以北。后来，匈奴分裂为南匈奴和北匈奴，南匈奴归顺汉朝，北匈奴继续与汉朝为敌。

西汉末年，汉朝内部战争爆发，国内动荡，没有力量防御匈奴，北匈奴又开始趁机南下，侵扰汉朝疆域，特别是对汉朝保护下的西域各国发起进攻，把西域各国再次纳入自己的势力范围内。北匈奴得到西域各国的人力、物力后,实力大增,不断进犯汉朝边境,杀害百姓,抢夺财产。

东汉第二位皇帝汉明帝刘庄时期,汉朝国内稳定,经济恢复。刘庄决心重新对匈奴发起战争,夺回对西域各国的统治权。

刘庄号召各地青年加入军队,准备反击北匈奴。这时候,大英雄班超报名应征,成为汉军中的一员战将。

班超,选自《中国历代帝王名臣像真迹》

## 二、投笔从戎

班超,是历史学家班彪的小儿子,他的哥哥班固和妹妹班昭共同撰写了著名的历史著作《汉书》。

班超长相非常富贵英武，成语"燕颔（hàn）虎颈"，就是说班超的长相，下巴像燕子，脖子像老虎。

因为班超的家族都是文人，所以班超从小耳濡目染，也非常好学，他熟读《春秋》，精通历史，而且对历史上那些侠义之士和外交家特别感兴趣，决心像他们那样建功立业，做出一番名留史册的大事来。

投笔封侯（班超），
选自（清）马骀绘《历代名将画谱》

但是，班超跟随哥哥班固在京城只能干些抄写文书的工作，赚钱养家糊口。一天，班超抄写文书，写得心烦意乱，他把笔扔在地上，叹息说："大丈夫应该有大志向，学习傅介子和张骞，出使外国，建功立业，加官封侯，怎能永远在抄抄写写这样的小事上消磨时间呢？"和他一同抄书的人都笑他自不量力。班超叹息说："你们这帮小子怎能知道壮士的志向呀！"

过了不久，汉明帝刘庄派奉车都尉窦固率领军队，北征匈奴，此时，已经41岁的班超报名从军，加入了北征的队伍。

## 三、不入虎穴，焉得虎子

公元73年，班超跟随奉车都尉窦固出兵，攻打北匈奴，班超被任命为代理司马的职务，率领一支军队，孤军作战。

班超在今天新疆哈密巴里坤湖一带与北匈奴交战，他组织了两次战役，杀死很多敌人，获得胜利。

窦固见班超善于用兵，很有谋略，就决定让他和自己的从事官郭恂（xún）一起出使西域，让西域各国重新脱离匈奴，和汉朝友好。

于是，班超和郭恂就率领了三十六个人组成的使团向西域进发，经过几天的长途跋涉，他们先到达了鄯善国。

鄯善国王开始对汉朝使团非常热情，问寒问暖，送来丰盛的食物。后来突然变得冷淡起来，几天都不来见他们。

这时候，郭恂外出，只有班超带领使团留在鄯善。

班超估计一定发生了什么事情，让鄯善王的态度发生了变化，他对部下说："你们没有观察鄯善王的态度吗？怎么突然对我们冷漠起来了？肯定是匈奴的使者来到这里，让他犹豫不决，不知道该和汉朝友好，还是该和匈奴亲近。"

手下的人还有些怀疑，说："说不定是鄯善王忙于处理国家事务，没有顾上来看望我们。匈奴刚刚战败，不会有人来吧？"

班超说："头脑清醒的人，一定能预见可能发生的事情，何况现在，鄯善王的态度很明显，用不着再猜测，我有办法知道其中的真实情况。"

于是，班超把接待他们的鄯善人找来，突然问道："我知道匈奴的使者来了好些天了，他们现在住在哪里？"

那个鄯善人被问得张口结舌，他以为班超已经知道了实情，只好把匈奴使者确实来了的情况说了。班超证实了自己的猜测，他决定迅速采取措施。他下令把那个鄯善人关押起来，以防泄露消息。

接着，班超召集部下三十六人，到大帐来商议。

班超不动声色，先招呼大家喝酒，等酒喝到半醉的时候，班超说："诸位与我都身处国外，四周没有我们的军队保护。现在，匈奴的使者才来了几天，鄯善王就对我们不热情了。一旦鄯善王把我们捆绑起来，送到匈奴去，我们不就成了豺狼口中的食物了吗？你们看这怎么办呢？"

大家都齐声说道："我们现在处于危险的境地，是生是死，就由你决定吧。"

班超说："不入虎穴，焉得虎子。不进入老虎洞中，就没办法抓住老虎的儿子。不冒险,就没有成功。现在只有一个办法,就是连夜进攻匈奴使者,他们不知道我们究竟有多少人,一定会感到害怕,我们正好可以趁机消灭他们。只要消灭了他们,鄯善王就会吓破胆,就不敢背叛我们,我们就大功告成了。"

有人说:"这件事还是应该等郭恂回来商量一下。"

班超大怒说:"事情紧急,凶吉就在一瞬间,来不及等待。郭恂是文官,他听到这事必定会害怕,犹犹豫豫没法决定,再等下去,鄯善王来抓我们,我们就会白白送死。"

众人都说:"那就听你的,赶快行动。"

这天夜里,班超率领三十六位壮士直奔匈奴使者驻地。这时候天上刮起大风,班超决定,由他亲自带人在匈奴人驻扎的营地里放火,又命令十个人拿着战鼓藏在敌人驻地的后方,约好一见火起,就猛敲战鼓,大声呐喊,他又命令其他人拿着刀枪弓弩埋伏在匈奴驻地大门两边。

安排完后，班超就带人顺风放火，大火在狂风吹送下，迅速在匈奴人的营帐中蔓延开来，匈奴人吓得四处逃窜，接着战鼓齐鸣，喊杀声连成一片。匈奴人想从大门逃出去，都被门前埋伏的士兵射死了。班超冲进营帐，杀死三个匈奴人，他的部下也把剩下的匈奴人全部杀死了。

第二天，郭恂回到使团驻地，班超才告诉郭恂杀了匈奴使者的事情，郭恂大吃一惊，又感到班超立了大功，有些嫉妒。班超说："你虽然没有与我们一起行动，但我又怎能独占这份功劳呢？"

郭恂听了高兴起来。

班超请来鄯善王，把匈奴使者的头颅给他看。鄯善王吓得大惊失色，鄯善国百姓听了这事都觉得惊慌害怕。班超好言安慰，说："你们用不着害怕匈奴报复，大汉会保护你们。"

鄯善王只好表示愿意永远和汉朝友好，并把自己的王子送到汉朝作人质。

## 四、平定于阗

班超完成使命回来后，把出使鄯善的经过向窦固做了汇报。窦固非常高兴，向汉明帝刘庄上表，表彰班超的功绩。刘庄很欣赏班超的勇敢和韬略，认为他是难得的人才。

后来，窦固又请求刘庄再派人出使西域，刘庄下诏说："像班超这样能干的人，为什么不再派他去，还要另选别人呢？"

刘庄，提拔班超担任军中司马，派他继续出使西域各国，让各国断绝和匈奴的联系，归顺汉朝。

于是，窦固就派班超再次出使西域各国，窦固想派更多的人马保护班超。班超说："我只带原来跟随我的三十多人就够了，人多了需要更多的物资供应，行动起来也是累赘（zhuì）。"

班超带领三十多人，再次向西域进发。不久，到了位于今天新疆和田地区的于阗(tián)国。

于阗国国王名叫广德,是一个英勇善战的人,这时候,他在匈奴的支持下,刚刚占领了莎车国,成为天山南路的霸主。北匈奴也派使者驻在于阗,操控于阗国。

班超到达于阗后,广德王仗着北匈奴的支持,对汉朝使者很不礼貌,态度十分冷淡。

于阗的巫师是北匈奴人的帮凶,他假借天神的名义,吓唬广德王说:"天神发怒了,如果你们归顺汉朝,就要让于阗人全部死光。现在只有一个办法赎回你们的罪,汉朝使者有一匹黄色的马,你们赶快把它弄来祭祀天神!否则,灾祸就会马上降临。"

广德派他的宰相私来比向班超讨要那匹马。班超痛快地答应了,但是,班超提出要巫师亲自来牵马。

过了不久,私来比带着巫师来了。班超冲上去,一剑刺死了巫师,并且将私来比痛打了几百皮鞭。

班超让私来比带着巫师的头去见广德王。广德王早就听说过班超在鄯善国诛杀匈奴使者的事情,因此十分害怕,当即下令杀死北匈奴使者,重新归附汉朝。

班超重赏了广德王和他的臣子,和广德王签订了条约,于阗归顺汉朝,并派王子到汉朝作人质。

附近各国听说了于阗国的事情,都纷纷表示愿意归顺汉朝,西域与汉朝中断了六十五年的关系,才重新恢复。

## 五、威服疏勒

这时,龟(qiū)兹(cí)国王尤里多仗着匈奴的支持,派兵进攻并占领了疏勒国,杀死疏勒国王,把龟兹人兜(dōu)题立为疏勒王,继续与汉朝为敌。

公元74年春天,班超为了让疏勒国归顺汉朝,就带领手下,从小道向疏勒国进发。

班超到达离疏勒国都架橐(tuó)城四十多公里的地方,停了下来,派手下勇士田虑去招降疏勒王兜题。

班超说:"兜题不是疏勒人,疏勒人一定不会为他卖命,他如果不肯投降,就将他绑架来见我。"

田虑来见兜题。兜题见田虑势单力孤,就拒绝归顺汉朝。

兜题送别田虑的时候,田虑见兜题毫无防备,就飞身跃上兜题的马,用刀顶住兜题的脖子,兜提的手下都吓得四处逃窜。

田虑挟持兜题来见班超。班超下令全体人马开赴架橐城。

到了架橐城,班超把疏勒的文武官员集中起来,向他们说:"龟兹王杀掉你们的国王,把兜题这个龟兹人派来做你们的国王,这合理吗?"

疏勒人回答:"杀死兜题,为老国王报仇。"

班超把原来被杀掉的疏勒国王的侄儿立为新的国王,并给新国王改名"忠",表示要永远忠于汉朝。

疏勒人非常高兴。忠和官员们要杀死兜题,但班超说:"杀他没有意义,留着他,让龟兹知道大汉的恩威。"

班超说服众人,释放了兜题。

至此，西域各国大部分归顺汉朝，汉朝重新设立西域都护府，并派陈睦（mù）担任西域都护，郭恂担任副都护，加强对西域的管理。

## 六、孤立无援

公元75年，汉明帝刘庄去世，焉（yān）耆（qí）国乘汉朝举办丧事的机会，围攻西域都护府，杀害都护陈睦和副都护郭恂，驻守的汉军。龟兹、姑墨等国也发动叛乱，并且发兵进攻班超驻扎的疏勒城。

班超率领的只有三十多人，没有援军，班超就与疏勒忠王互相策应，在盘橐城坚守，一直坚持了一年多，叛军都没有攻下盘橐城。

公元76年，汉章帝刘炟（dá）即位，许多朝廷官员认为陈睦已死，班超率领少数人，孤立无援，在遥远的地方难以坚持下去，就下令班超撤离西域回国。

班超接到命令，准备回国，疏勒人听到消息，都非常害怕。

疏勒都尉黎弇（yǎn）说："汉朝使团如果离开我们，我们必定会再次被龟兹消灭。我实在不忍心看到汉使离去，我们国人被惨杀的场景。"黎弇说完，便拔刀自刎而死。

班超一行走到于阗，于阗国王广和百姓都放声大哭。广说："我们依靠汉使，就好像孩子依靠父母一样，你们千万不能回去。"

不少人抱住班超的马腿苦苦挽留。

班超也被感动得失声痛哭，泪流满面，他不忍心离开这里，让这里的百姓再次被匈奴人杀害，毅然决定不回汉朝，重新返回疏勒。

等班超返回疏勒的时候，疏勒有两座城，已经投降了龟兹和匈奴，并且与尉（wèi）头国联合起来，准备进攻疏勒忠王的军队。

班超迅速将反叛首领逮捕，又率兵进攻尉头国，杀死了六百多人，才使疏勒再次平定。

公元78年，班超又率领疏勒等国的士兵一万多人攻破姑墨国，斩杀了七百人，将龟兹孤立起来。

## 七、以夷制夷

公元80年，班超上书给汉章帝刘炟，分析西域各国的形势，提出了要"以夷制夷"的主张，就是利用其他民族的力量消灭敌人，管理敌人，趁机平定西域各国。他说："现在，西域的各个国家，哪怕是极边远的小国，没有不愿意归附汉朝的，他们都认为依靠大汉与依靠天一样可靠。大小国家都十分高兴，自愿进贡的络绎不绝，只有焉耆（qí）、龟兹二国不服从我们。我们要把西域各国的军队联合起来，进攻龟兹和焉耆，不久就可以征服这两个国家。用夷狄（dí）来攻夷狄，这是最好的计策啊！"

刘炟看了班超的书信，非常满意，决定派军队增加班超的力量。于是，任命徐干为代理司马，率一千人去增援班超。

## 八、三至之谗

乌孙国是一个大国，兵力强盛，班超想借用乌孙国的力量进攻龟兹，他给刘炟上书说："乌孙有十万弓兵，现在可以派使者联合乌孙，与它并力合作，一同进攻龟兹。"刘炟采纳了他的建议。

公元83年，刘炟派卫侯李邑护送乌孙使者回国，并赏赐给乌孙国王大量的丝绸锦缎，希望联合乌孙，进攻龟兹。

李邑带着一队人马，护卫着乌孙使者和丝绸锦缎，走到于阗国的时候，正遇上龟兹军队进攻疏勒。李邑是个胆小的人，他听说前方正在打仗，吓得不敢前进。

李邑停留在于阗，但是担心皇上追查他耽误行程的罪责，就上书给刘炟，诬陷班超说，班超驻扎在西域，白白浪费国家的人力和财物，听说班超拥抱爱妻，怀抱幼子，在国外享受安乐，没有心思考虑国家大事。

刘炟接到李邑的书信，非常气愤，他了解班超的为人,说:"如果班超拥抱爱妻,怀抱幼子,只知道吃喝玩乐,那么,跟随他的那一千多名士兵,谁愿意和班超一起,忍受着思念家乡的痛苦,坚守在遥远的异国他乡?"

刘炟把李邑的书信转给班超,并且下令李邑不许回国,听班超调遣。

班超看到李邑污蔑诽谤自己的信,叹息说:"我虽然比不上曾参那么有名,却也有三至之谗。"

班超的意思是说:"我虽然没有春秋时代曾参那样有名,也要遭受'三至之谗(chán)'这样的诽谤污蔑。"

"三至之谗"说的是春秋时期,孔子的弟子曾参的故事。曾参为人忠厚老实,不会干坏事。有一天,一个人突然告诉曾参的妈妈,说曾参杀人了。曾参的妈妈相信儿子不会杀人,就笑着说曾参不会干这种事。但是,过了一会,又有一个人告诉曾参的妈妈,说曾参杀人了。曾参的妈妈就觉得半信半疑。后来,第三个人告诉曾参的妈妈,曾参杀人了,曾参的妈妈就相信了。其实,曾参根本没有杀人,只是个谣传。但是说的人多了,连最了解儿子的妈妈也会相信。成语"三至之谗"形容经过反复传播,影响恶劣的诽谤性语言。

班超为了不让别人再误会自己,就让他的妻子和孩子离开自己,到别的地方居住。

班超不但没有为难诽谤自己的李邑,还让他带着乌孙王子回汉朝去。

徐干对班超说:"李邑毁谤污蔑你,如果皇上听信他的谗言,你就会被治罪,就会让你平定西域的事业失败,现在为什么不按照皇上的安排,把他留下来治罪,还把他放回去干什么?"

班超说:"正因为李邑毁谤我,所以我现在才派遣他回国。我问心无愧,还怕别人说什么呢?为了泄私愤而把他留下来,就不算忠臣。"

班超的坦荡胸怀,让徐干等人佩服得五体投地。

## 九、计破莎车

公元84年，班超平定了疏勒忠王与莎车王联合叛乱，杀死忠王，改立府丞成大为疏勒王，从此，天山南路商道畅通。

公元87年，班超率领于阗国士兵二万多人，进攻莎车。龟兹王尤里多联合姑墨、尉头等国士兵五万人救援莎车。

面对敌众我寡的不利局面，班超决定运用调虎离山之计。

班超召集于阗国王广德和手下将领商议军情，故意装出害怕的样子说："现在我们兵力太少，打不过敌人，只能赶快逃跑。于阗军队往东走，徐干将军带兵往西边跑。夜里听到鼓声就出发。"

班超又安排故意放松对龟兹俘虏的看管，让他们逃回去报信。

龟兹俘虏逃回去后，把班超要撤兵的消息告诉龟兹王尤里多。尤里多听后非常高兴，就得意忘形，亲自率一万骑兵在西边截杀班超，派温宿王率领八千人在东边阻击于阗军队。

班超派人侦察到尤里多和温宿王的行踪，迅速带领所有军队，一起冲向莎车国王的大营。莎车国王大营没有防备，士兵们都吓得四处逃命。班超命令士兵追上去，杀敌五千多人，缴获许多战马和财物。

莎车国王看着已经无法反败为胜，只好投降。龟兹王尤里多也灰溜溜地带兵逃回去了。

班超用兵如神，使西域各国都闻风丧胆，从此威震西域。

## 十、智退月氏

班超刚刚打败龟兹军队，招降莎车国王，大月氏（ròu zhī）国王却派遣使者来到班超的驻地，向汉朝进贡珍宝、狮子和一些稀奇古怪的贡品，提出要娶汉朝公主为妻。这时候，汉朝已经废除了和亲政策，班超就拒绝了这个要求，月氏王觉得自己很没有面子，因而怀恨在心。

公元90年夏，大月氏的副国王，名字叫谢，来给国王争面子，讨说法，就率兵七万，越过葱岭攻打班超。

班超的军队只有几千人，面对大月氏七万精锐部队，明显处于劣势，大家都觉得打不过敌人，感到非常恐慌。

班超说："月氏兵虽然多，但他们远道而来，又要越过道路崎岖的葱岭，还要走过荒无人烟的沙漠，他们运送粮食物资极为困难。我们不用害怕他们，只要收好粮食，守住城池，坚守不出，敌人便会因饥饿而投降，不出几十天就会击败敌人。"

谢率领军队进攻，班超率兵坚守城镇，就是不出城与敌人作战。大月氏军队无法攻下城镇，没过几天，就没有粮食吃了。只能四处抢夺，但是四周吃的东西都被班超派人搬进城里去了。大月氏士兵饥饿难忍，只能叫苦连天。

班超估计，大月氏没有粮草，一定会派使者到龟兹求援。他就命令几百个士兵在东边埋伏，谢果然派使者带着金银珠宝去龟兹求援。埋伏的汉军把使者杀死了。

班超派人，把使者的头送给谢。谢看后大为惊恐。

进攻失败，又没有食物，大月氏军队彻底失去了战斗力。谢只好向班超求和，希望能放他们一条路回国。

班超答应了，并且送给他们路上吃的食物。大月氏国王非常感激，重新与汉朝和好。

## 十一、平定西域

公元91年，龟兹、姑墨、温宿等国都投降了班超。汉朝任命班超为西域都护，徐干为长史，管理西域各国事物。

朝廷决定同意班超的建议，立在汉朝做人质的王子白霸为龟兹王，并派司马姚光护送白霸到龟兹。

班超和姚光废掉原来的国王尤里多，白霸登上龟兹王位。姚光把尤里多带回汉朝京城洛阳监视居住。

班超把西域都护府迁移到位于今天阿克苏附近的它乾(gàn)城。这时候,西域各国,只有焉耆、危须、尉犁三个国家,因为曾经杀害西域都护陈睦和副都护郭恂,担心汉朝不会饶恕他们,心怀恐惧,不敢归降。其余各国,都已平定。

公元94年秋天,班超率领龟兹、鄯善等八国联军共七万人,进攻焉耆、危须、尉犁三国,为被杀害的陈睦和郭恂报仇雪恨。

班超率领大军行进到尉犁,派使者通告三国国王:"本都护这次到这里来,只想要安抚三国,并没有要进攻你们的意思。你们如果想要弃恶从善,就应该来迎接我们,那么你们都会得到赏赐。抚慰完毕我们便会撤军。"

焉耆国王名叫广,他为了探听班超的虚实,就派左将军北鞬(jiàn)支来见班超。

北鞬支是匈奴王子,在焉耆担任将军,实际上掌握焉耆军队,控制焉耆王。

班超对北鞬支说:"你是匈奴王子,却掌握了焉耆的国家大权。我大汉都护到来,焉耆王不亲自迎接,都是你控制焉耆王,不让他来迎接我,实在是十恶不赦。"

北鞬支吓得跪在地上。

徐干劝班超杀了北鞬支,班超说:"这个人的权力比焉耆国王还大。现在我们还没有进入他们的国境便杀了他,会让他们产生怀疑,如果他们加强防备,守住险要的地方,我们就没有办法进攻他们的都城了。"

班超改变了态度,假装对北鞬支很友好,原谅他过去的罪行,还送给他不少礼物,放他回国。

焉耆王广见北鞬支平安回来,相信班超只是来安抚三国,并没有进攻的意思,就亲自率领手下大臣,迎接班超。

班超好言劝慰广,让他脱离匈奴,归顺汉朝。广也假装答应,但是一离开班超,就快马加鞭,回到焉耆。而且还拆毁了路上的所有桥梁,阻止班超大军前进。

班超下令军队从别的道路进入焉耆国,在距焉耆城十公里的地方驻扎下来。

广见班超突然率大军到来，大吃一惊。但是班超派人告诉广，汉朝不计前嫌，不算旧账，只要归顺，就和他们和平相处。

班超让广邀请另外两国国王一起赴宴，到时一定大加赏赐。广于是邀请尉犁王泛和北须王。北须王害怕不敢来。广就和泛，带着北鞬支等三十多人，一起赴宴。

宴会开始，大家坐定，班超突然变了脸色，责问焉耆王："危须王为什么不来？"

广和泛等人吓得说不出话来。班超命令武士把广、泛和北鞬支抓起来，并把他们押送到当年陈睦和郭恂被杀害的地方，全部斩首，并把头颅传送到京城洛阳。然后，班超命令进攻焉耆、尉犁、危须三国。危须王被杀，还斩杀五千多人，俘获一万五千人，缴获马匹牛羊三十多万头。

班超立在汉朝做人质的王子元孟为焉耆国王。至此，西域五十多个国家全部归附了汉朝，班超终于实现了立功异域，为国家开疆扩土的理想。

## 十二、万里封侯

公元95年,汉朝为了表彰班超的功勋,下诏封他为定远侯,食邑千户,后人称班超为"班定远"。班超此时还在万里之外的西域,所以后人说班超是"万里封侯。"

## 十三、派使西进

班超平定西域之后,想向西继续探索,想看看西边还有哪些国家。但是,他当时已经六十多岁了,年老体衰,心有余而力不足。于是,班超派自己的手下甘英带领使团,越过帕米尔高原,继续向西,目标是到达当时传说中的大秦帝国,也就是我们今天所说的罗马帝国。

公元97年,甘英率领使团一行从今天新疆库车出发,西行至今天喀什,越过帕米尔高原,经过今天乌兹别克斯坦费尔干纳盆地,进入今天伊朗境内,后来又经过伊拉克,到达了波斯湾沿岸。

甘英准备渡过波斯湾前往罗马帝国,波斯湾沿岸的水手告诉他说:"海洋太大了,一般走三个月才能横渡过去,这还要遇上顺风的时候,如果遇上逆风或者风暴,一两年可能都无法靠岸。所以,登船的人都要带三年的粮食。海上还有女妖,名字叫塞壬(rén),一旦遇上她,听见她美妙的歌声,人就会被迷惑,船撞在礁石上,船上的人会被吃掉。"

甘英听了觉得害怕,就带领使团返回了龟兹。

## 十四、玉关人老

班超在西域三十多年,他从四十多岁离开家乡,转眼已经变成七十岁的老人了。他越来越思念家乡。

公元100年,班超上书朝廷,请求回国。他在写给朝廷的书信中写到:"'狐死首丘','代马依风'。狐狸死的时候,头总是朝着它出生的土丘,北边代这个地方的马都依恋北边吹来的风。我在遥远的西域,也像狐狸和代马那样想念着家乡。况且蛮夷的风俗,害怕年轻人,欺侮老年人。我班超年纪大了,牙齿逐渐脱落,常常担心年老体衰,突然死去。成为孤魂野鬼,漂泊在异国他乡,没法回家。过去,苏武被匈奴扣留不过十九年,而我在西域已经三十年了。我不敢奢望回到酒泉郡,'玉关人老',只愿活着进入玉门关。"

班超这封信写得非常动情,其中"狐死首丘""代马依风""玉关人老",后来都成为成语,表达人老年思念家乡的心情。

班超的妹妹班昭也上书朝廷,请求召班超回国。

奏章送上去了,这时的皇帝已经是汉和帝刘肇（zhào）,刘肇被班超的信感动得热泪盈眶,当即下旨,把班超召回来了。

公元102年八月,班超回到洛阳。九月,班超逝世,享年七十一岁。

班超是古代一位伟大的外交家、军事家,他以饱满的爱国热情，杰出的军事才能，克服无数困难，坚守在遥远的异国他乡三十年，有力地保护了国家边疆的安全，为新疆后来成为中国领土做出不可磨灭的贡献。他的功绩将永载中华民族的史册。班超的儿子班勇，后来也成为镇守西域的大英雄。

# 张仲景

## 一、辉煌医圣

今天我们讲的人物,是我们国家历史上一位伟大的医学家,他的名字叫张机,字仲景。被尊奉为"医圣"。

我们中国医学从黄帝、炎帝时代开始,经过了近两千多年的发展,到了东汉时期,已经基本成熟。但是,许多治疗疾病的医方都散落在民间的各个医生手里,这就急需要一位医学家,对它进行全面的整理,形成系统的理论,让它传播开来,流传后世,造福人民。

东汉末年的张仲景,完成了这一划时代的伟大事业,受到历代医学家的推崇。

## 二、少年有志

张仲景出生于公元150年,他的爸爸张宗汉曾经在东汉朝廷担任官职。张仲景从小就对医学非常感兴趣,他从史书上看到了扁鹊望诊齐桓公的故事后,对扁鹊产生了敬佩之情,决心成为一代悬壶济世的名医。

张仲景少年时,已经读了许多书,特别是有关医学的书。当时的名士何颙(yóng)有一天来到张仲景家中,看到张仲景在认真读医书,就和他谈起医学方面的知识。望着张仲景认真执着的样子,何颙说:"你在医学上精通钻研,但为人低调,性格专一,将来必定成为一代名医。"

后来,张仲景拜当地名医张伯祖为师。张伯祖见他聪明好学,又能刻苦钻研,就把自己的医学知识和医术,毫无保留地传授给他。张仲景刻苦学习,认真研究,不久,他的医术就超过了张伯祖。何颙赞叹说:"张仲景的医术，比他的师父张伯祖还要高超！"。

## 三、为官从医

汉灵帝刘宏时期，张仲景被举为孝廉。

"举孝廉"是汉代发现和培养官员人选的一种方法。它规定每二十万户中每年要推举一名"孝廉"，由朝廷任命官职。被推举的学子，除博学多才外，更要孝顺父母，行为清廉，所以称为"孝廉"。张仲景从众多的学子中脱颖而出，被政府选中，出任官员，担任长沙太守。

这时，正是东汉末年的动乱时期，战争不断，人民流离失所，饥寒交迫。各地瘟疫连续爆发，尤其是国都洛阳、南阳、绍兴一带疫情严重，十年内有三分之二的人死于瘟疫。张仲景的家族也有许多亲人惨死。

面对这种悲惨的景象，张仲景决心用自己的医术解除人民的疾苦。他说："我学习和研究医术，就是为了治疗亲人的疾病，解救百姓的疾苦。如果不能解救人民疾苦，我学医有什么用呢?"

在那个时代,官员不能随便进入民宅,接近百姓。百姓更不能随便进入衙门。可是不接触百姓,就不能为他们治疗。张仲景想了一个办法,决定每月初一和十五两天,大开衙门,不问政事,让有病的百姓进来,为他们诊治。

张仲景让衙役贴出告示,告诉老百姓这一消息。不久,门前便聚集了来自各地求医看病的人,有些人甚至带着行李远道而来。张仲景坐在大堂上,挨个仔细地为病人诊断、开方。被张仲景救治的病人成千上万。

后来,人们为了纪念张仲景,就把医生看病,称为"坐堂。"

## 四、广泛学习

张仲景看到自己的医术可以解除百姓的病痛,觉得非常高兴。但是,面对许多疑难杂症,他依然束手无策。他决定四处寻访名医学习,收集民间医方,使自己的医术更加全面纯熟。

张仲景在官府门前贴出告示，征集民间药方，同时，他还亲自去拜访各地名医。

有一次，他听说襄阳城里同济堂有个绰号"王神仙"的名医，对治疗扭背疮很有经验。他立即带着行李，长途跋涉几百里，去拜"王神仙"为师。对"王神仙"在药性、医道方面的独到之处都用心学习研究，获益很大。他还经常跋山涉水，深入大山之中，向名医学习。

那时候，医生们大都把医术作为养家糊口或者发财致富的手段，许多医生只把医术传给自己的子孙，一般都不外传。所以，张仲景经常被拒之门外。

南阳有个名医叫沈槐，张仲景几次去向他请教，他都闭口不谈医术，张仲景只能离开。

后来，沈槐过了七十岁，因为没有子女，觉得后继无人，饭吃不下，觉睡不着，慢慢忧虑成疾，一病不起。

当地的医生来给沈槐看病，都没有好的办法。沈槐的病越来越严重。张仲景知道后，再次来到沈槐家中。

张仲景察看了病情,确诊是忧思成疾,马上开了一个药方,用五谷杂粮面各一斤,做成丸,外边涂上朱砂,叫病人一次吃下去。

沈槐看了这个药方,不由自主地哈哈大笑起来,说:"五谷每取一斤,做成一个五斤重的大丸子,谁能吃得下去? 张仲景号称医生,竟然开出这样荒唐的药方,真是好笑!"

沈槐决定好好奚落张仲景一番,他叫家人做了一个五谷杂粮大药丸,挂在屋檐下,不管谁到家里来,他就指着这个大药丸把张仲景嘲笑一番。

沈槐笑着说:"看! 这是张仲景给我开的药。谁见过五谷杂粮能治病? 简直是笑话! 谁一顿能吃五斤面? 真是滑稽!"

沈槐每天对人奚落张仲景,每天哈哈大笑,时间长了,竟然把自己的忧虑忘记了,身体也慢慢好起来。

这时,张仲景再来拜访他,说:"恭喜先生的病好了!"

沈槐一听恍然大悟，原来张仲景在用巧妙的办法治疗他的心病，顿时觉得又佩服又惭愧。

张仲景接着说："先生，我们做郎中的，就是为了给百姓造福，祛病延年，先生无子女，我们这些年轻人不都是你的子女吗？何愁后继无人？"

沈槐听了，觉得很有道理，内心十分感动，就把自己的医术全部传授给了张仲景和其他年轻医生。

张仲景在研究医术的时候，对民间医生治病的方法非常重视，他对民间针刺、灸烙（luò）、温熨（yùn）、药摩、坐药、洗浴、润导、浸足、灌耳、吹耳、舌下含药、人工呼吸等多种方法，都一一加以研究。经过多年努力，他收集到大量的民间医方。他对这些医方认真研究整理，在实践中应用，使自己的医术大大提高。

## 五、精研医理

张仲景对传统经典医书也刻苦钻研，他仔细研读各种古代医书。其中《素问》对他的影响最大。《素问》说："夫热病者，皆伤寒之类也。"又说"人之伤于寒也，则为病热"。

张仲景根据自己的实践对这个理论作了发展。他认为伤寒是一切热病的总名称，也就是一切因为外感而引起的疾病，都可以叫做"伤寒"。他还对前人留下来的"辨证论治"的治病原则，认真地加以研究，从而提出了"六经论伤寒"的新见解，成为中医治疗的重要方法。

## 六、发明饺子

传说，张仲景在长沙做官，告老还乡的时候，正赶上冬天。寒风刺骨，雪花纷飞。在白河边上，张仲景看到很多无家可归的人面黄肌瘦，衣不遮体，耳朵都冻烂了。张仲景感到非常悲伤。

由于张仲景的名声早已闻名天下，回到家乡后，很多人上门求医。张仲景有求必应，整天都很忙碌。但是，他依然挂念着那些冻烂耳朵的人。

张仲景研制了一个可以御寒的食疗药方,叫"祛寒娇耳汤"。就是把羊肉和一些祛寒的食物放在锅里煮,熟了以后捞出来切碎,用面皮包成耳朵的样子,再下锅煮熟,就可以食用了。

张仲景叫徒弟在南阳东关的一个空地上搭了个棚子,支上大锅,为穷人舍药治病,那天正是冬至,舍的药就是"祛寒娇耳汤"。张仲景让徒弟给每个穷人一碗汤,两个"娇耳",人们吃了"娇耳",喝了汤,浑身发暖,两耳生热,再也没人把耳朵冻伤了。

后来,张仲景研制的"祛寒娇耳汤",发展成中国最有名的食品"饺子"。

## 七、著作巨著

为了不让自己一生研究医术的经验和方法失传,让自己的医术造福子孙后代,回到故乡的张仲景开始撰写医学巨著《伤寒杂病论》。经过几十年努力，最后终于完成了。

《伤寒杂病论》是我国医学史上影响最大的古典医著，也是我国第一部临床治疗学方面的巨著。

《伤寒杂病论》的贡献，首先在于发展并确立了中医辨证论治的基本法则。张仲景把疾病发生、发展过程中所出现的各种症状，根据病邪入侵经络、脏腑的深浅程度，患者体质的强弱，正气的盛衰，以及病势的进退缓急和有无其它旧病等情况，加以综合分析，寻找发病的规律，以便确定不同情况下的治疗原则。

张仲景创造性地把外感热性病的所有症状，

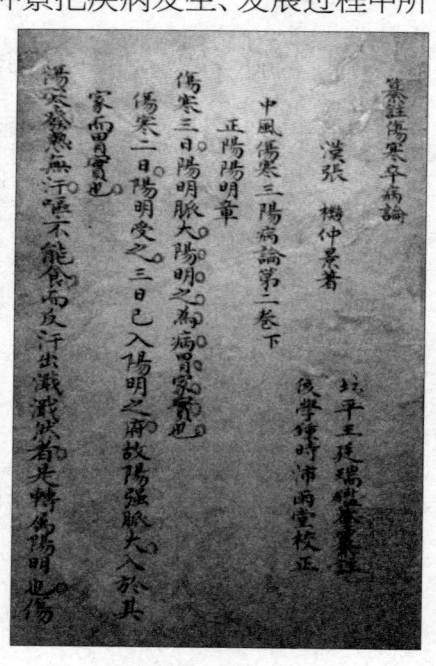

《伤寒杂病论》书影

归纳为六个层次和八个辨证纲领,以太阳、少阳、阳明、太阴、少阴、厥(jué)阴六经来分析归纳疾病在发展过程中的演变和转归,以阴阳、表里、寒热、虚实八纲来辨别疾病的属性、病位、邪正消长和病态表现。由于确立了分析病情、认识症候及临床治疗的法度,因此辨证论治不仅为诊疗一切外感热病提出了纲领性的法则,同时也给中医临床各科找出了诊疗的规律,成为指导后世医家临床实践的基本准则。

据统计,《伤寒论》实收方剂269个。这些方剂均有严密而精妙的配伍,对于后世方剂学的发展,诸如药物配伍及加减变化的原则等都有着深远影响,而且一直为后世医家所遵循。

其中许多著名方剂在现代保健中仍然发挥着巨大作用。

张仲景为人谦虚谨慎,提倡终身坚持学习。他在序文中说:"孔子曰:生而知之者上,学则亚之,多闻博识,知之次也。余宿尚方术,请事斯语。"张仲景引用孔子语录,说明自己不是天才，只能靠刻苦努力学习来获得知识。他特别表明自己从青少年时期就热爱医学，他扎扎实实地按照孔子的话去做，因为医学没有止境，必须终身坚持学习。

张仲景为后人树立了淳朴无华、勤恳踏实的学风。《伤寒杂病论》著述风格朴实简练，毫无浮辞空论，对后世中医著作影响巨大。

张仲景的医学理论对中国古代医学的发展和人民的健康做出了巨大的贡献，而且对朝鲜、日本以及东南亚各国的影响也很大。后人研究他的医理，敬仰他的医术和医德，尊他为"医圣"。

## 八、千古流芳

张仲景72岁的时候，因为积劳成疾，突然得了重病，他感到自己快要走向生命的尽头了。

许多长沙的百姓，感激张仲景的恩德，希望张仲景去世后安葬在长沙,但是,南阳的百姓不愿意让他离开故土。他们争执起来,就去问病床上的张仲景。

张仲景说:"吃过长沙水,不忘长沙父老情;生于南阳地,不忘家乡养育恩。我死以后,你们就抬着我的棺材从南阳往长沙走,抬棺材的绳子在什么地方断了,就把我埋葬在那里。"

那一年冬至,张仲景逝世了。人们根据张仲景的遗言,抬着他的棺木,从南阳往长沙走,送葬的队伍走到当年张仲景为大家舍"祛寒娇耳汤"的地方,棺绳忽然断了。

于是,大家就把张仲景安葬在那里。人们为了纪念他,还在他的坟前修了一座庙,这就是现在的医圣祠。